油气田企业
直接作业环节安全管理

中国石油化工股份有限公司胜利油田分公司　组织编写

中国石化出版社

内　容　提　要

本书针对油气田企业直接作业环节安全管理过程中存在的问题，分七部分详细阐述了各直接作业的定义及适用范围、危险有害因素及控制措施、安全管理基本要求、应急处置及典型案例等知识，具体包括用火作业、临时用电作业、进入受限空间作业、高处作业、动土作业、起重作业、盲板抽堵作业等七项直接作业环节相关的内容。

本书具有较强的针对性、实用性和可操作性，可作为现场管理人员、操作人员、监护人员进行直接作业环节培训的专业教材，也可供相关专业技术及管理人员参考。

图书在版编目(CIP)数据

油气田企业直接作业环节安全管理／中国石油化工股份有限公司胜利油田分公司组织编写. —北京：中国石化出版社，2020.5
ISBN 978-7-5114-5726-4

Ⅰ. ①油… Ⅱ. ①中… Ⅲ. ①石油企业-工业企业管理-作业管理-安全管理-中国　Ⅳ. ①F426.22

中国版本图书馆 CIP 数据核字(2020)第 046663 号

中国石化出版社出版发行

地址:北京市东城区安定门外大街 58 号
邮编:100011　电话:(010)57512500
发行部电话:(010)57512575
http://www. sinopec-press. com
E-mail:press@ sinopec. com
北京富泰印刷有限责任公司印刷
全国各地新华书店经销

*

710×1000 毫米 16 开本 8 印张 141 千字
2020 年 5 月第 1 版　2020 年 5 月第 1 次印刷
定价:45. 00 元

《油气田企业直接作业环节安全管理》
编　委　会

前言 Preface

目前，石油石化行业安全生产形势依然较为严峻，统计资料显示，90%以上的事故发生在直接作业环节。直接作业环节作为石油石化企业生产经营过程中的重要环节，其安全管理水平的高低直接影响着企业的生产效益和社会效益。因此，加强直接作业环节的控制措施、强化安全管理是杜绝各种事故的根本。

本书涵盖了油气田企业直接作业环节安全管理过程中存在的用火作业、临时用电作业、进入受限空间作业、高处作业、动土作业、起重作业、盲板抽堵作业等7项直接作业环节安全管理，从定义及适用范围、危险有害因素及控制措施、管理职责、工作程序、环境及设备设施、防护要求、操作要求、应急处置、完工验收等方面，进行了详细讲解。每项直接作业环节的讲解力求层次清晰、职责分明、危害识别到位，能够对作业施工提供完整指导，并对交叉作业有很好的指导和帮助。在每个章节中针对性地收录了2~3个事故案例，拓展了读者的视野，更重要的是以此引起读者的反思，起到震慑和警示作用。

本书内容有较强的针对性、实用性和可操作性，对现场管理人员、操作人员、监护人员正确履行其安全生产管理职责，自觉遵章守纪，对于提高全员的安全意识和安全素质，具有一定的促进作用。

由于编者水平有限，时间仓促，书中难免存在一些不足之处，真诚希望读者提出宝贵意见，便于今后修正。

目录 Contents

第一章

用火作业安全管理

用火作业是一项技术性强、要求高、难度大、具有较大风险的特殊作业，长期以来，一直是油气田直接作业环节中最为关注的焦点。特别是在油气聚集场所的维修改建施工过程中，容易出现各种可燃气体、可燃液体的泄漏、流淌，遇到明火、炽热表面或火花等，极易引起燃烧、爆炸，火势将很难控制，会给油气田生产和职工的生命安全造成严重威胁。因此，做好用火作业安全管理，是油气田安全生产中一项至关重要的工作，采取有效的安全防护措施，对于防止重大灾害事故的发生具有重大意义。

第一节　定义及适用范围

一、定义

用火作业是指直接或间接产生明火的工艺装置以外的禁火区内可能产生火焰、火花和炽热表面的非常规作业。如使用电焊、气焊(割)、喷灯、电钻、砂轮等进行的作业。在陆上油气田企业中，主要是指在具有火灾爆炸危险场所内进行的涉火施工作业。

二、适用范围

本章适用于油气田陆上油气开发、储运、基础建设等用火作业。油气田涉海用火作业应执行 SY 6303—2016《海上石油设施热工(动火)作业安全规程》。

三、主要类型

(1) 使用气焊、电焊、铅焊、锡焊、塑料焊等设备进行的焊接作业；

(2) 使用气割机、等离子切割机、砂轮机、磨光机等设备进行的金属切割作业；

(3) 使用喷灯、液化气炉、火炉、电炉等设备进行的明火作业；

(4) 烧(烤、煨)管线、熬沥青、炒砂子、铁锤击(产生火花)物件、喷砂作业，以及产生火花的其他作业；

(5) 生产装置和罐区连接临时电源并使用非防爆电气设备和电动工具的作业；

(6) 使用雷管、炸药等爆炸物的爆破作业。

四、用火作业分级

用火作业分特级用火、一级用火和二级用火三个级别。

1. 特级用火作业

在生产运行状态下易燃易爆的生产设施、输送管道、储罐、容器等部位上及其他特殊危险场所进行的用火作业。带压不置换用火作业按特级用火作业管理。

(1) 油库、联合站、LNG 接收站等油气集输站(场)罐区防火堤内油气管线及容器本体用火；

(2) 油库、联合站、压气站、LNG 接收站、油气集输站(场)内的污油罐、含油污水罐、含天然气水罐本体用火及油气泵房、分离器区域内的油气工艺管线、容器本体用火；

（3）天然气压缩机厂房内用火，以及天然气柜和液化气储罐防火堤内本体及工艺流程用火；

（4）长输管线、输油(气)干线在涵洞等受限空间，在不停产的紧急情况下及停输不置换等情况下用火；

（5）成品油、天然气、液化气装卸车栈桥(含卸油台)用火；

（6）天然气井、自喷井井口失控部分用火；

（7）处理井喷事故现场的用火；

（8）其他特殊危险场所、特殊容器的用火。

2. 一级用火作业

在易燃易爆场所进行的除特级用火作业以外的用火作业。厂区管廊上的用火作业按一级用火作业管理。

（1）油库、联合站、压气站、LNG 接收站、油气集输站(场)的计量标定间、计量间、阀组间、仪表间内用火，以及污油、污水泵房、天然气管道的管件和仪表处用火；

（2）油库、联合站、LNG 接收站等油气集输站(场)罐区防火堤内非油气管线和容器本体用火，防火堤外油气管线及容器(特级用火规定的除外)本体用火；

（3）铁路槽车原油装卸栈桥、汽车罐车原油灌装油台及卸油台用火；

（4）天然气净化装置、油气集输站(场)内的加热炉、溶剂塔、换热设备用火；

（5）液化石油气站内外设备，输油码头、油轮码头内外设备及管线用火；

（6）液化石油气充装间、气瓶库、残液回收库用火；

（7）钻穿油气层发生井涌、气侵条件下，井口 10m 范围内的井场用火；

（8）联合站井排输油(气)干线用火；

（9）采气井井口用火。

3. 二级用火作业

除特级用火作业和一级用火作业以外的用火作业。凡生产装置或系统全部停车，装置经清洗、置换、分析合格并采取安全隔离措施后，可根据其火灾、爆炸危险性大小，经所在单位安全管理部门批准，用火作业可按二级用火作业管理。例如，陆上油气田常见的储罐长周期维修、改建的用火作业。

（1）单井油气管线用火；

（2）采油井单井联头和井口处用火；

(3) 盛装过油气及其他易燃易爆介质的桶、箱、槽、瓶等焊割用火；

(4) 在油气集输站(场)、输油泵站、计量站、接转站等生产区域内的非油气工艺系统用火；

(5) 钻井、试油作业过程中井场用火；

(6) 除特级、一级用火外，其他非重要油气区域和严禁烟火区域内的用火。

4. 固定用火作业区

除特级、一级、二级用火作业范围外，在没有火灾危险性区域可划出固定用火作业区。固定用火作业区的设定应由用火单位提出申请，经消防部门审查批准，报安全监督管理部门备案，每半年检查认定 1 次。

第二节　危险有害因素及控制措施

一、事故类型及危险有害因素

1. 爆炸事故

爆炸指在周围介质中瞬间形成高压的化学反应或状态变化，通常伴有强烈放热、发光和声响。在发生爆炸时，势能(化学能或机械能)突然转变为动能，有高压气体生成或释放出高压气体，这些高压气体随之做机械功，如移动、改变或抛射周围的物体。一旦发生爆炸，将会对邻近的物体产生极大的破坏作用，造成的后果较为严重，是用火作业中需要格外重视、首要控制的事故类型。

用火作业中，爆炸类型主要有物理爆炸、化学爆炸(可燃气体爆炸、粉尘爆炸)。常见的爆炸事故原因主要有：

(1) 用火容器(或相邻容器)存在可燃混合气体气相空间，在未做到安全隔离的情况下，点火源意外进入气相空间，造成爆炸事故。

(2) 容器内可燃气体、液体未彻底清理、置换，贸然切割，造成爆炸事故。

(3) 容器未做到安全隔离，可燃介质泄漏至容器内，遇火源造成爆炸事故。

(4) 用火作业过程中，可燃液体(固体)受热挥发出可燃气体蒸气，形成爆炸混合气体，造成爆炸事故。这种事故类型在首次用火或试探性用火时无异常反应，使操作和监护人员放松警惕，但经过一段作业时间后发生爆炸，具有较强的隐蔽性。

（5）气体受热膨胀导致能量释放。密闭空间的气体或液体受热蒸发出的蒸气，在用火作业过程中，经过一段时间的加热膨胀，积聚较强能量，造成爆炸事故。

（6）在带压不置换用火焊接过程中，钢板持续受热、强度降低，造成爆炸事故。

（7）粉尘爆炸。受限空间内进行喷砂、打磨作业，因通风不良，形成大量金属粉尘、有机物粉尘和空气的混合物，造成爆炸事故。这种事故类型在陆上油气田企业中较为罕见，但依然存在可能性，不能掉以轻心。

2. 火灾事故

火灾是指在时间或空间上失去控制的燃烧。在用火作业过程中，常见的火灾事故原因主要有：

（1）切换流程时误操作、管（罐）壁减薄被意外扩大泄漏点、盲板不合格或密封不严等原因，造成可燃气体、液体大量意外溢出，遇火源燃烧，造成火灾事故。

（2）用火点周围的下水井、地漏、地沟、电缆沟等未清除易燃物，也未采取安全隔离措施，用火作业时，火源飞溅至沟井内，造成火势蔓延。

（3）用火作业时，同一空间或区域内，同时进行刷漆、喷漆、可燃溶剂清洗等可能散发易燃气体、液体的作业，遇火源后造成火灾事故。

（4）用火点周边排放可燃气体、液体，遇火源后造成火灾事故。

（5）用火作业完毕后，未熄灭余火，存在火源隐患，盲目投产造成火灾事故。

3. 物体打击伤害事故

是指失控物体的惯性力造成的人身伤害，如落物、滚石、锤击、碎裂、崩块、砸伤造成的伤害，不包括爆炸引起的物体打击。在用火作业过程中，常见的物体打击事故原因主要有：

（1）作业过程中，因积聚的能量意外释放、物体断裂等原因，物件飞出（弹出）、物料喷射，造成人员伤害事故。

（2）手持电动工具旋转部位断裂飞出，造成人员伤害事故。

（3）物件高处坠落造成人员伤害事故。

（4）因作业场所狭窄、杂乱、梯架缺陷，物件散落，造成人员伤害事故。

4. 灼烫伤害事故

在用火作业过程中，常见的灼烫事故原因主要有：

（1）高温蒸汽、液体意外喷出、泄漏，造成人员烫伤。

（2）未采取防止火花飞溅措施，且个体防护装备穿戴不全，造成焊渣烫伤皮肤、眼睛等身体器官。

（3）身体部位触碰高温设备表面、焊割后的高温物件。

（4）焊接作业时，操作人员未戴好护目镜，弧光对眼睛造成伤害。

5. 触电伤害事故

在用火作业过程中，常见的触电事故原因主要有：

（1）电焊作业时，焊把线绝缘层破损、焊钳手持部位破损，造成漏电触电事故。

（2）电焊作业时，手套被水打湿，碰触带电部位，造成触电事故。

（3）手持电动工具的导线绝缘层、手柄部位破损，造成漏电触电事故。

（4）设备、装置停机后未断开电源，用火作业过程中，人员意外碰触带电部位，造成触电事故。

6. 机械伤害事故

在用火作业过程中，常见的机械伤害事故原因主要有：

（1）施工机械操作人员操作不当，未与其他人做到良好配合，造成机械伤害事故。

（2）施工机械无防护、防护装置存在缺陷、防护不当、防护距离不够等原因，造成机械伤害事故。

（3）人员进入施工机械旋转半径内，被机械碰撞，造成机械伤害事故。

（4）设备、装置未停机，人员进入到设备运转部位，造成机械伤害事故。

7. 其他事故

（1）高处坠落事故。在高处用火作业过程中，因操作平台（脚手架）缺陷、未系挂防火阻燃安全带、临边或孔洞未防护等防护措施不到位原因，造成高处坠落事故。

（2）中毒和窒息事故。在受限空间内、存在有毒有害介质等情况下的用火作业过程中，因物料隔离不良、未通风置换、物料意外泄漏等原因，造成中毒和窒息事故。

二、控制措施

1. 管理措施

（1）加强管理人员、监护人、操作人员的安全教育，对管理、操作人员的资质进行审查，对操作人员的技能进行验证。管理人员、监护人掌握用火安全技术知识，具备现场监护能力；操作人员掌握用火安全技术知识，具备特种作业、特种设备操作资格。

（2）在生产设施正常运行区域内，尽可能减少用火作业，凡可用可不用的用火一律不用火，凡能拆下来的设备、管线均应拆下来移到安全地方用火。尽可能采用低温黏合、打卡子、碳纤维加强、开孔机带压开孔、水力切割等冷作业方式代替用火作业。

（3）特级、一级用火作业前开展 JSA 分析，制定完善的安全防护措施。做好安全技术交底工作，对各项安全措施逐项进行确认。

（4）作业期间，管理人员、监护人安全巡查，及时制止违章、消除隐患。

（5）配备并使用合格的个体防护装备、防护救生设施。

（6）对施工机具进行入场前检查验收并合格，使用本质安全化设备，不使用存在缺陷的设备。

（7）作业环境做到通风良好、光照充足；作业场地规范有序不杂乱，安全通道畅通无阻碍；作业平台、脚手架牢固可靠无缺陷。

（8）用火作业实行全程视频监控。监控信号应传输至监控中心，实施实时监控，对违章行为做到实时纠正。

2. 技术措施

（1）用火点周围（最小半径 15m）的下水井、地漏、地沟、电缆沟等已清除易燃物，并已采取覆盖（防火布用水打湿铺放）、铺沙、水封等手段进行隔离。

（2）用火点半径 15m 范围内不得排放各类可燃液体，半径 30m 范围内不得排放各类可燃气体，10m 范围内及用火点下方不得同时进行可燃溶剂清洗和喷漆等施工。

（3）罐区内用火点同一围堰内和防火间距内的油罐不得进行脱水作业。

（4）用火作业时，同一空间或区域内，不得同时进行刷漆、喷漆、可燃溶剂清洗等可能散发易燃气体、液体的作业。

（5）凡在生产、储存、输送可燃物料的设备、容器及管道上用火，应首先切断物料来源并进行可靠封堵隔离；经彻底吹扫、清洗、置换后，打开人孔，通风换气；打开人孔时，应自上而下依次打开，经分析合格方可用火。若间隔时间超过 1h 继续用火，应再次进行用火分析，方可用火。

（6）装置全面停工检修和工程施工用火实行区域用火监护。装置停工吹扫期间，严禁一切明火作业。

（7）在相互连通且无法有效分隔的流程上，不能同时进行两处以上的用火作业。

（8）管道安全隔绝可采用插入盲板或拆除一段管道进行隔绝，不应用水封或关闭阀门等代替盲板。

(9) 在用的用火容器及相邻容器达到安全液位。

(10) 重要的控制阀门应采取上锁、挂牌警示、专人看管等方式，避免出现误操作。用火作业未完工前看管人员不得擅离岗位。

(11) 需要检修的设备上的电气电源应可靠断电，在电源开关处加锁并加挂安全警示牌。

(12) 带压不置换用火作业，系统保持正压，严禁负压用火作业。生产不稳定情况下不得进行带压不置换用火作业。

第三节 安全管理基本要求

一、管理职责

1. 部门职责

(1) 用火单位为用火作业责任主体，对用火作业全过程负监管责任，逐级指定用火审批人、指派用火监护人，组织对用火审批人、本单位及施工方的用火监护人进行用火作业管理业务培训并颁发资格证书，监督施工方做好用火作业安全管理工作。

(2) 安全监督管理部门和消防部门的各级领导、专职安全和消防管理人员有权随时检查用火作业情况。在发现违反用火管理制度或危险用火作业时，有权收回许可证，停止用火，并根据违章情节，由安全监督管理部门对违章者进行严肃处理。安全监督管理人员对作业现场进行巡检督查，对违章行为进行查处，有现场处罚权和停工权。

(3) 特级用火必须业主方管理人员带班，全过程参与施工作业，作业过程中，带班人员不得离开现场。

2. 人员资质及管理

(1) 用火负责人由施工方项目负责人担任，须持有县(含)级以上地方政府安全监督管理部门核发的《安全资格证书》，熟练掌握用火安全技术知识，并具有用火作业突发事件处置能力。

(2) 用火单位及施工方用火监护人均须接受用火单位组织的用火作业管理业务培训，取得用火监护人资格；了解用火区域或岗位的生产过程，熟悉工艺操作和设备状况；应有较强的责任心，出现问题能正确处理；有处理应对突发事故的能力。

(3) 作业许可证审批人员应具有丰富的生产一线工作经验、熟悉生产和现场管理，具有相关专业能力和应急处理协调能力，取得审批人员培训合格证。

(4) 特种作业和特种设备作业人员应持有效的操作证件上岗，患有职业禁忌证者不应参与相应作业。

(5) 实施承包商全员实名制管理，业主单位应对承包商的主要工种技术工人采取实操考试、面试或委托第三方等方式，进行技能验证。诚信记录不合格、技能未经验证合格的人员，不得进入施工现场。承包商(分包商)主要管理人员必须为自有人员(与所属公司签订劳动合同并办理社保手续)，主要工种施工作业人员必须具有合法的劳动关系。力工不应从事技术工种工作。

二、工作程序

1. 作业申请

(1) 由基层(班站)单位负责人提出用火作业申请，填写《用火作业许可证》申请。对涉及进入受限空间、临时用电、高处作业、动土作业等直接作业环节的用火作业，除办理《用火作业许可证》外，还应按照相关规定办理相应直接作业环节的作业许可证。

(2) 特级和一级用火要报告上一级业务和安全管理部门。

(3) 一张用火作业许可证只限一处用火，不能用一张许可证进行多处用火。特级、一级用火作业的许可证有效时间不超过 8h，二级用火作业的许可证有效时间不超过 48h。许可证不应随意涂改，不应代签。

(4) 遇法定节假日(公休日除外)，用火作业应升级管理。雨雪天、五级风以上(含五级)天气，原则上禁止露天用火作业。因生产确需用火，用火作业应升级管理。

2. JSA 分析(工作安全分析)

(1) 由基层(班站)单位负责人会同施工单位负责人、作业人员、监护人员到现场进行 JSA 分析。针对现场和作业过程中可能存在的危害因素，制定相应的作业程序及安全措施。

(2) 对特级、一级用火作业，以及经审批确定为二级用火作业、划定出固定用火区的新改建、检维修施工，应由业主方、施工方共同编制安全施工方案(或用火作业指导书)。施工方案(或用火作业指导书)应包含但不限于施工方案、作业程序、危险有害因素识别、风险控制措施及应急预案等。

(3) 施工方案(或用火作业指导书)应明确每个检维修项目的业主方和施工方负责人，成立作业班组(岗组)，明确班组(岗组)负责人及其职责。施工方案(或用火作业指导书)由业主方相应层级管理人员审批。

3. 许可证签发

（1）作业前现场安全确认。由业主方业务负责人牵头组织申请单位、用火监护人、施工单位用火负责人、用火作业人，现场落实并确认《用火作业许可证》、施工方案（或用火作业指导书）中的各项安全措施。

（2）作业人员、双方监护人逐条确认后，在《用火作业许可证》确认栏签字。

（3）确认完毕后，施工方负责人、业务负责人、各级签发领导在《用火作业许可证》签署意见，基层单位的安全管理人员在用火作业许可证上会签。特级用火由二级单位业务主管领导审批签发；一级用火由基层单位领导审批签发；二级用火由基层单位业务管理人员审批签发。

（4）各级用火审批人应亲临现场检查，督促用火单位和施工单位落实防火措施后，方可审签许可证。

4. 安全技术交底

（1）施工作业前由业主方技术人员组织开展技术与安全交底。作业人员、双方监护人、施工单位负责人参加并接受安全技术交底。施工单位负责人组织对施工人员的安全技术交底。

（2）交底人要确保安全技术交底内容完整、表达清晰无疑义，不遗漏一人。每名接收人清楚明白交底内容后，在交底单上签字。

5. 施工过程

用火作业坚持"三不用火"原则，即无许可证不用火、用火监护人不在现场不用火、防护措施不落实不用火。

（1）作业人员按标准文明施工，有权拒绝违章指挥及在突发情况下停止施工并撤离。

（2）用火监护人佩戴明显标志，并携带便携式可燃气报警仪进行全程监护。当发现用火部位与许可证不相符合，或者用火安全措施不落实时，用火监护人有权制止用火；当用火出现异常情况时应及时采取措施，有权停止用火；当用火人不执行"三不动火"且不听劝阻时，有权收回许可证，并向上级报告。用火过程中，不得随意离开现场，确需离开时，收回用火人的用火许可证，暂停用火作业。

（3）基层（班站）单位负责人做好现场施工的统一协调、监督与管理。

（4）业务负责人在用火作业过程中提供技术指导，在作业过程中检查各项安全措施落实情况；现场协调组织、监督用火作业过程；出现异常情况时，及时向基层（班站）单位负责人提供处置方案。

（5）施工单位负责人在作业过程中，全程组织并监督作业人员现场安全文明施工。

6. 特殊情况

（1）新建项目需要用火时，由施工单位（含承包商）提出用火申请，用火地点所辖区域单位负责办理许可证，并指派用火监护人。

（2）施工用火作业涉及其他管辖区域时，由所在管辖区域单位领导审查会签，双方单位共同落实安全措施，各派 1 名用火监护人，按用火级别进行审批后，方可用火。

（3）应急情况下的用火作业，现场制定用火安全措施并确认合格后，由现场总指挥下达命令，方可实施用火作业。

三、环境及设备设施要求

1. 作业环境

（1）用火作业施工区域应设置警戒线或围挡，与用火作业无关人员及设备不应进入用火区域；现场根据需要配备消防车、灭火器、消防铁锹、灭火毯等。

（2）作业现场消防通道、行车通道应保持畅通；影响作业安全的杂物应清理干净；夜间作业或照度不足的场所设置满足要求的照明装置。

（3）作业现场可能危及安全的坑、井、沟、孔洞等应采取有效防护措施，并设警示标志，夜间应设警示红灯。

2. 气体分析

凡需要用火的塔、罐、容器等设备和管线，均应进行内部和环境气体检测分析，并将分析数据填入用火作业许可证。用火部位存在有毒有害介质的，应对其浓度做检测分析，若含量超过有害物质最高容许浓度时，应采取相应的安全措施，并在许可证上注明。停工大修装置在彻底撤料、吹扫、置换、化验分析合格后，工艺系统采取有效隔离措施。设备、容器、管道首次用火，须采样分析。

（1）分析取样点

① 在较大的设备内用火，对上、中、下各部位进行监测分析。

② 在较长的油气管线上用火，应在彻底隔离区域内分段分析。

③ 在设备外部用火，在不小于用火点 10m 范围内对大气环境进行检测分析。

④ 对采用惰性气体置换的系统检测分析，不得采用触媒燃烧式检测仪直接进行检测。

（2）分析有效时间

① 用火分析与用火作业间隔一般不超过 30min，最长不超过 60min。

② 若中断作业超过 1h 后继续用火，监护人、用火人和现场负责人应重新确认分析。

③ 特级用火作业期间应随时进行监测。

④ 设备、容器与工艺系统已有效隔离，内部不会再释放有毒、有害和可燃气体的，首次采样分析合格后，分析数据长期有效；当设备、容器内有夹套、填料、衬里、密封圈等，有可能释放有毒、有害、可燃气体的，采样分析合格后超过 1h 用火的，须重新检测分析合格后方可用火。

(3) 合格判定

① 可燃气体。对于可燃气体爆炸下限浓度不小于 4%的，实际浓度检测结果小于 0.5%(体积)为合格；可燃气体爆炸下限浓度小于 4%的，实际浓度检测结果小于 0.2%(体积)为合格。

② 氧含量。对生产、使用、储存氧气的设施进行用火作业，设施内氧气含量不得超过 23.5%。受限空间动火作业氧含量应为 19.5%~23.5%。

③ 有毒有害气体。不超过 GBZ 2.1—2019《工作场所有害因素职业接触限值 第 1 部分：化学有害因素》和 GBZ 2.2—2007《工作场所有害因素职业接触限值 第 2 部分：物理因素》所规定的限值。

3. 施工设备设施要求

进场机械设备、施工机具及配件应经过检查、验收合格后才能使用。以下是用火作业中常见的施工设备设施的安全管理要求。

(1) 气瓶的安全管理要求

① 气瓶合格无缺陷，附件齐全完好有效；瓶身有定期检验合格钢印标记和永久制造标志，在有效期使用。

图 1-1　乙炔瓶配件

② 防震圈(2 个/瓶)不松脱、滑落；瓶阀与气瓶螺纹匹配且密封可靠。瓶身、瓶嘴无油脂。

③ 乙炔瓶阀配置专用的减压器和回火防止器(图 1-1)。使用时，放气压力不超过 0.15MPa。

④ 易倾倒的气瓶，配有固定支架或集装框架(图 1-2)。乙炔瓶不得卧放，不得放置在电绝缘体上。

⑤ 使用过程中，乙炔瓶瓶阀的专用扳手，始终装在阀上。

⑥ 气瓶用的橡胶软管无气孔、裂纹和其他缺陷。使用专用卡子绑扎固定。

⑦ 乙炔瓶瓶色为白色，有“乙炔不可近火”红色字样；氧气瓶为淡蓝色，

有“氧”黑色字样；氮气瓶为黑色，有“氮”淡黄色字样；氩气瓶为银灰色，有“氩”深绿色字样。

⑧ 橡胶软管颜色区分：乙炔-红色；氧气-蓝色；空气、氮气、氩气、二氧化碳-黑色；液化石油气、天然气-橙色；不同种类不得混用。

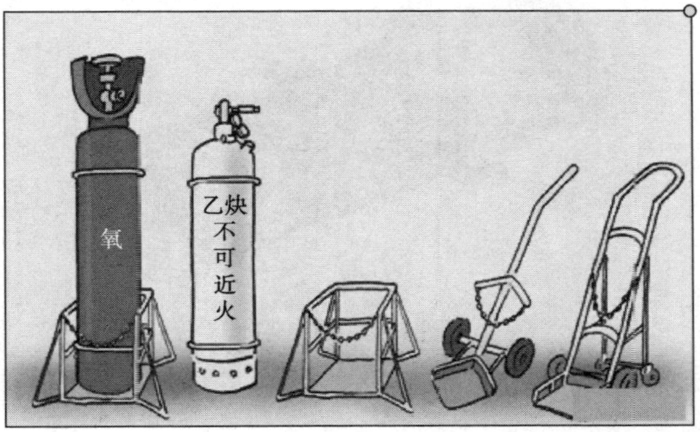

图 1-2　气瓶的防倾倒措施

（2）电焊机的安全管理要求

如图 1-3 所示：

① 电焊机械放置在防雨、干燥和通风良好的地方。

② 交流弧焊机变压器的一次侧电源线长度≤5m，进线处设置防护罩。配装防二次侧触电保护器。不得使用金属构件作为二次线的地线。

③ 焊把线绝缘层良好，无破损、裂缝；焊钳绝缘无破损。

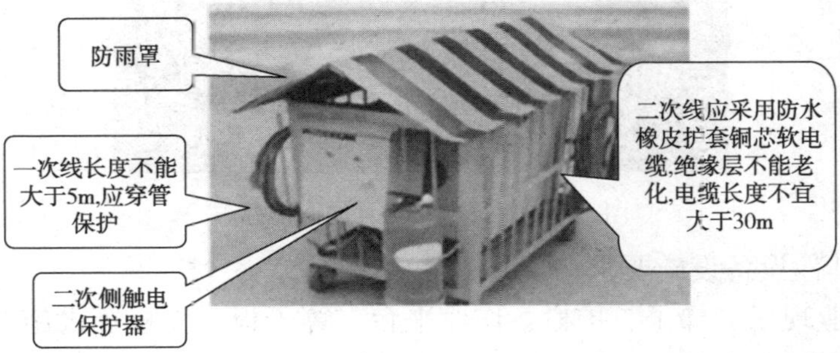

图 1-3　电焊机示意图

（3）手持式、移动式电动工具的安全管理要求

① 工具有认证标志及定期检查合格标志。

② 外壳、手柄、插头、开关、负荷线、机械防护装置等完好无损，按规定正确接线。保护接地线连接完好无损。

③ 工具的电源线使用橡皮护套铜芯软电缆，绝缘良好，不得任意接长或拆除。当电源离工具操作点距离较远而电源线长度不够时，应采用耦合器(图 1-4)进行连接。

图 1-4　耦合器

④ 手持式和移动式电动工具必须做到“一机一闸一保护”；运转时操作人员不得离开现场。

⑤ 在一般作业场所，应使用Ⅱ类工具(在手柄明显部位有回形标志，见图 1-5)，在潮湿作业场所或金属构架上等导电性能良好的作业场所，应使用Ⅱ类或Ⅲ类工具。Ⅲ类工具的安全隔离变压器放置在作业场所外。

图 1-5　手持电动工具的回形标志

(4) 其他设备设施要求

① 作业现场的梯子、护栏、作业平台、箅子板、盖板等设施应完整、牢固，采取的临时设施应确保安全。

② 作业使用的消防器材、通信设备、照明设备等应完好。

③ 作业中涉及的脚手架、起重机械、电气设备、施工机械等，应符合相应的标准规范要求。

四、防护要求

进入作业现场的人员应正确佩戴安全帽，涉及高处作业、进入受限空间等其他特殊作业时，应按相关规定正确佩戴（携带）相应的个体防护装备（检测仪器）。以下为用火作业时的基本个体防护装备（参照 GB/T 11651）。

（1）电焊作业基本防护：焊接面罩、焊接手套、防护鞋。

（2）气割作业基本防护：防强光护目镜、焊接手套、防护鞋。

（3）手持电动工具作业基本防护：防冲击护目镜、防护手套。

（4）高处用火作业防护：安全帽、安全带。

（5）产生粉尘用火作业防护：防尘口罩。例如，喷砂除锈、打磨等作业。

（6）噪声场所用火作业防护：耳塞、耳罩。例如，泵房内的用火作业。

（7）强腐蚀性介质的作业防护：耐酸碱手套、耐腐蚀液护目镜、防化学品鞋（耐酸碱鞋），作业场所应配备人员应急冲洗水源。例如，酸液、碱液容器或设备的用火作业。

五、操作要求

1. 基本操作要求

（1）用火作业人员处于用火点上风向位置，避开易燃易爆物质、封堵物等危险物质的喷射。特殊情况时，应采取围挡措施并控制火花飞溅。

（2）拆除管线进行用火作业时，应先查明其内部介质及其走向，并根据所要拆除管线的情况制定安全防火措施。

（3）用火施工时，氧气、乙炔气瓶两者相距不小于 5m，与火源相距不小于 10m。氧气、乙炔气瓶使用时立放，有支架或专用推车等防倾倒措施，并不得在烈日下暴晒。

（4）采用电焊焊接作业时，回路线接在焊件上，且应在距焊点 0.5m 范围以内搭接，并在焊点附近搭接接地装置，接地电阻小于 10Ω。电焊焊把线不得穿过下水井或与其他设备搭接。

2. 高处用火作业要求

（1）必须采取防止火花飞溅措施。根据实际情况，使用接火盆或挡火措施，下方进行必要的防护。

（2）确保作业平台作业面没有孔洞，平台四周装有护栏和供人员上下的通道。

（3）在具有坠落风险的作业面，人员应系挂全身式安全带。

3. 受限空间内用火作业要求

（1）在受限空间内进行用火作业时，不允许同时进行刷漆、喷漆作业或使用可燃溶剂清洗等其他可能散发易燃气体、易燃液体的作业。

（2）在受限空间内进行刷漆、喷漆作业或使用可燃溶剂清洗等其他可能散发易燃气体、易燃液体的作业时，使用的电气设备、照明等必须符合防爆要求，同时必须进行强制通风。

（3）监护人应佩带便携式可燃气体报警仪，随时进行监测，当可燃气体报警仪报警时，必须立即组织作业人员撤离。

（4）在潮湿容器中进行电焊作业，作业人员应穿绝缘鞋站在绝缘板上，同时保证金属容器接地可靠。

（5）不得将电焊机、气瓶带入受限空间内。用火作业完毕应及时将施工机具清理出受限空间。

4. 埋地管线用火作业要求

（1）操作坑的深度、坡度应方便用火作业人员逃生。

（2）操作坑壁及地面堆土、堆物应加以控制，必要时加以支撑以防坍塌。

六、完工验收

（1）作业结束后，作业人员和监护人应收拾工具、清理现场，关掉电源、气源等能量源，搬离用火设备，熄灭余火，确认无遗留火种、火源隐患后，方可离开作业现场。

（2）由基层单位负责人牵头组织用火负责人、用火作业人、用火监护人进行完工验收。验收合格的，参加人在《用火作业许可证》完工验收栏上签署意见。验收不合格的，由用火单位督促施工方整改，直至完工验收合格。

（3）用火作业相关资料按月归档。施工方案（用火作业指导书）、JSA 分析记录表等随许可证一起保存。涉及高处作业、进入受限空间等特殊作业的，相应许可证随《用火作业许可证》一起保存。

第四节　应急处置

一、作业异常基本要求

（1）当生产装置出现异常，可能危及作业人员安全时，生产单位应立即通知作业人员停止作业，迅速撤离。

（2）当作业现场出现异常，可能危及作业人员安全时，作业人员应停止作业，迅速撤离，并应立即通知生产单位。

二、火情处置

(1) 用火作业中，若用火本体发生较小火情，且周围无燃烧物或用火部位未与其他物料管道、设备相连，不会造成火灾蔓延的情况下，就地用灭火器材将其扑灭。

(2) 作业中发生火情，有可能蔓延造成火灾的，应立即停止用火作业，组织现场人员扑救的同时，迅速通过火警电话向消防队报警，并向单位领导报告。

(3) 扑救有毒有害物料引发的火灾时，应首先切断物料来源；扑救人员应站在上风向，佩戴或使用相关防护器具。

(4) 乙炔气瓶发生漏气、回火等情况时，应立即停止用火作业，迅速关闭乙炔瓶、氧气瓶瓶阀。若一时无法关闭，应对气瓶进行冷却，并立即报警，组织人员撤离。

(5) 用火现场如发现异味时，应停止作业，迅速查明原因，采取相关措施，恢复用火前，应使用检测仪器对作业环境进行检测，直至合格。

三、人员灼烫伤处置

(1) 迅速除去烧伤源。如是火焰烧伤，应立即将伤员的着火衣物脱去，一时难以脱下的，可让伤员躺在地上滚动灭火，或用水灭火；如是化学烧伤，应迅速清除残余在创面上的化学物质，或剪去被化学物质污染的衣物，减少损伤。

(2) 一般创面不要做特殊处理，只要保持清洁即可；如果创面较大，用清洁包布覆盖伤口简单包扎，避免创面污染；化学性烧伤局部可用大量清水彻底冲洗，同时可采用中和方法治疗。

(3) 受伤严重的伤员应静卧休息，保持呼吸通畅，并注意伤员呼吸、脉搏、血压等的变化，若呼吸心跳停止，应立即实施人工急救，如有出血应立即止血。

四、其他急救措施

(1) 现场施救人员必须听从指挥。施救时，如需进入有毒气体环境、设备容器或污染区域，应首先做好自身防护，正确穿戴适宜、有效的防护器具，再实施救护。

(2) 搬运中毒患者时，应使患者侧卧或仰卧，保持呼吸道通畅。抬离现场后必须放在空气新鲜、温度适宜的通风处。患者意识丧失时，应除去口中的异物。呼吸停止时，采取人工呼吸等措施。同时尽快查明毒物性质和中毒原因，便于医护人员正确制定救护方案，防止事故范围进一步扩大。

(3) 对于昏迷的伤员，应取平卧位，垫高背部，头稍后仰，如有呕吐，须将其头朝向一侧，或采用脚高头低位，搬运时用普通担架即可。对于呼吸困难的伤员，应采取坐位，不能背驮。用软担架搬运时，注意不能使伤员躯干屈曲。

(4) 如果是由于高空坠落、物体打击等造成颈椎、腰椎严重损伤的伤员，不可随意搬运或扭曲其脊柱，应多人用手臂共同将伤员平行搬运至水平木板上，注意必须托住颈、腰、臀和双下肢。

第五节　典型案例

一、某石油工程公司井下特种作业公司爆燃事故

1. 事故经过

某石油工程公司下属的井下作业公司修井队，到某储气库公司所属的采气井实施切割井口生产流程。11 时 40 分左右，在完成预定任务后，队长吕某发现采气树井口及左右法兰长度影响钻台底座坐入，便指挥张某割掉左翼套管阀门法兰。13 时 20 分左右，张某在切割套管阀门法兰螺栓时，套管内天然气逸出并发生爆燃，造成 4 人烧伤，其中 2 人死亡。

2. 原因分析

(1) 直接原因

队长吕某在未检查确认套管阀门是否有残余气体的情况下，违章指挥用火作业；焊工张某未确认安全条件，违章用火切割螺栓，管线内残存天然气泄漏遇气焊明火爆燃，导致事故发生。

(2) 间接原因

事故暴露出作业现场安全管理混乱，用火制度执行不严格，现场监管流于形式的问题。

① 施工单位(井下作业公司修井队)特殊作业安全管理存在严重漏洞。临时增加的切割法兰螺栓不在用火作业许可证范围，现场人员临时动议，未重新开具用火许可证，未做到每张许可证仅限于 1 处用火作业。作业前 JSA 分析工作未落实，没有识别出套管阀门存在余气的风险，没有采取相应防范措施。

② 业主单位(储气库公司)安全监管存在漏洞。没有严格要求第三方监督单位履行职责，没有对监督人员资格进行严格审查。施工方案审核流于形式，方案中缺少搬家至开工验收前施工过程操作规程和作业程序。

③ 监督单位(某油田天然气产销厂)对监督范围认识不清，没能做到施工

全过程监督。现场监督员履职不力，虽然发现并制止了施工单位违章行为，但制止后便离开现场。施工单位心存侥幸，再次违章作业，最终酿成事故。监督管理站安全管理不到位，派遣不具备监督资格的人员从事监督工作。

采油(气)树井口用火是油气田企业中最常见的用火类型。这起事故暴露出作业现场安全管理混乱，用火制度执行不严格，现场监管流于形式等问题，侧面证明了严格执行用火制度的重要性。从这起事故中，我们应认真汲取经验教训，在用火作业等高风险作业前必须进行 JSA 分析、安全技术交底，有针对性地制定完善、有效的安全措施。严格执行用火作业制度，办理作业许可，做好现场安全措施确认并认真落实。绝不能为图省事、抱有侥幸心理而省略掉必要的作业程序。

二、某石化分公司污水处理罐爆燃事故

1. 事故经过

某石化分公司 4 名承包商员工，某日 14 时 50 分在污油罐罐顶为含油污水罐增设氮封线(为了防止污水罐罐内形成爆炸性混合气体、避免发生事故而进行的技术改造)。在拆卸人孔盖最后一根螺栓时，因螺栓生锈、拆卸困难，施工人员违章用气焊切割螺栓，导致罐内气体发生闪爆、罐顶撕开。2 名作业人员从罐顶摔下，经抢救无效死亡。

2. 原因分析

(1) 直接原因

施工人员严重违章，在超出《用火作业许可证》规定的用火范围用火，使用气焊切割罐顶人孔盖的螺栓，引起了污水处理罐内油气闪爆。

(2) 间接原因

事故侧面反映出业主方、承包商作业前 JSA 分析不到位，对施工人员的安全技术交底开展不到位，施工人员不清楚施工过程存在的危害因素，以及可能发生的事故，导致作业人员野蛮施工。同时，施工现场监护缺位，未能及时制止违章操作。

此次事故虽然发生在石化企业，但是在油气田企业的污水处理、注水等站库，同样存在大量类似的污水罐(池)。虽然油气浓度远低于油罐，但罐内的混合气体仍处于爆炸极限以内，同样有较高的爆炸危险。这些污水罐在用火作业时其危险性往往被轻视，因此，管理人员、操作人员不能从主观凭经验去判断是否会发生事故，必须严格按照用火管理规定，做好用火前的 JSA 分析、气体分析，制定安全措施并认真落实，必要的步骤不能省略，遵章守规才能避免事故发生。

第二章

临时用电作业安全管理

油气田企业在生产、检维修、工程建设、作业施工等过程中，不可避免地需要进行临时用电作业。由于临时用电具有施工作业单位多、拆接和移动频繁、各施工单位供配电设备完好情况和人员对施工用电规程熟悉程度差异大等特点，施工现场的临时用电成为施工作业中潜在危险性最多的危险源之一。如果存在安全措施不到位、作业环境不合格、违章操作等，很可能酿成人身触电伤亡、设备损坏和火灾等恶性事故。本章重点对临时用电施工存在的风险、安全防范措施、安全管理要求、应急处置程序等进行阐述，为临时用电作业安全施工提供指导。

第一节　定义及适用范围

一、相关定义

1. 临时用电

是指在正式运行的电源上所接的非永久性用电。一般讲，因施工、检修需要，凡在正式运行的供电系统上加接或拆除如电缆线路、变压器、配电箱等设备以及使用电动机、电焊机、潜水泵、通风机、电动工具、照明器具等一切临时性用电负荷，通称为临时用电。

2. 保护接地

是为防止电气装置的金属外壳、配电装置的构架和线路杆塔等带电危及人身和设备安全而进行的接地(图 2-1)。所谓保护接地就是将正常情况下不带电，而在绝缘材料损坏后或其他情况下可能带电的电气金属部分(即与带电部分相绝缘的金属结构部分)。用导线与接地体可靠连接起来的一种保护接线方式。接地保护一般用于配电变压器中性点不直接接地(三相三线制)的供电系统中，用以保证当电气设备因绝缘损坏而漏电时产生的对地电压不超过安全范围。

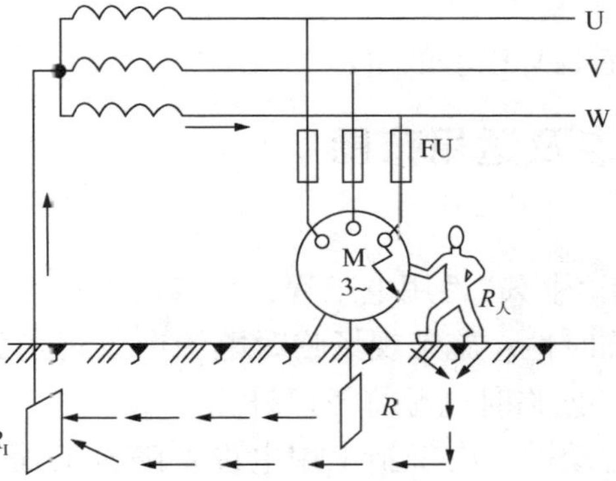

图 2-1　保护接地

3. 保护接零

把用电设备的金属外壳和电网的零线可靠连接，以保护人身安全的一种用电安全措施(图 2-2)。

4. 一机一闸一保护

每台用电设备必须有各自专用的开关箱，严禁用同一个开关箱直接控制 2 台及 2 台以上的用电设备(含插座)；开关箱必须装设隔离开关、断路器或熔断器，以及漏电保护器。

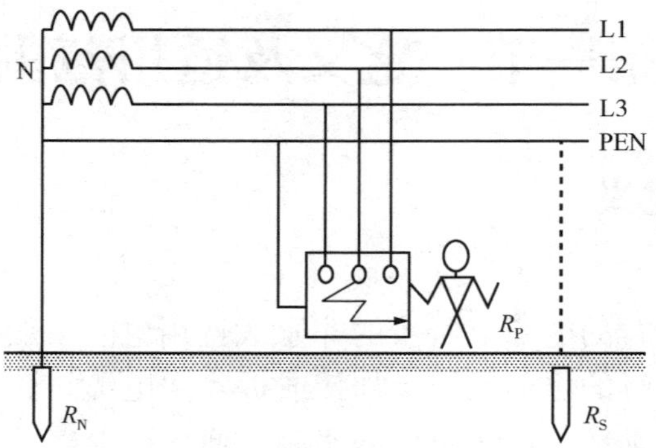

图 2-2 保护接零

5. 绝缘

是指用绝缘材料把带电体封闭起来，借以隔离带电体或不同电位的导体，使电流能按一定的通路流通。良好的绝缘是保证设备和线路正常运行的必要条件，也是防止触电事故的重要措施。绝缘材料往往还起着其他作用，如散热冷却、机械支撑和固定、储能、灭弧、防潮、防霉以及保护导体等。

6. 低压

交流额定电压在 1kV 及以下的电压。

7. 高压

交流额定电压在 1kV 以上的电压。

二、施工特点及适用范围

1. 施工特点

临时用电区别于“永久”性用电工程，具有以下特点：

(1) 暂设性或临时性。施工现场临时电源专供现场施工(检修)使用，随着工程(项目)竣工，该临时电源将予以拆除。

(2) 移动性或流动性。由于施工用电设备随着工程位置和施工位置变化而移动，许多线路的连接也需要根据设备的移动而进行临时变动。

(3) 环境复杂性。临时用电工程的地理位置和自然条件由工程所处地理位置和自然条件决定，不可能人为地另行选择。通常是露天作业，因此为其提供电力的临时电源、用电设备及线路基本处于室外，易出现损坏。

由于上述特点，施工企业往往在思想上重视不够，仅重视临时用电的使用功能，而忽略用电防护，有意无意降低临时用电设施安装标准，给安全用电留下隐患，例如配电箱、开关柜等供配电设施陈旧(为节约成本，马虎凑合)，将 PE 线和 N 线错接、混用，不做重复接地等；专业电工和相关作业人员在拆、接、送电过程中，存在习惯性违章，例如不按规范要求使用铜芯软电缆作电源线，而采用花线、双绞线作电源线且随地乱拖，不严格执行停送电制度等。这些隐患对用电安全构成严重威胁，是酿成触电伤亡、火灾和设备事故的重要原因。

2. 适用范围

在油气田企业常见的临时用电施工包括：

(1) 钻井、测井、录井、作业、注汽等石油工程施工接入电气设备、照明线路、配电箱等。

(2) 工程施工、设备安装、检维修过程接入配电箱、电焊机、手持电动工具等。

(3) 因生产应急需要临时接入照明灯具、电潜泵、变压器、控制柜、仪器仪表等用电设备。

第二节　危险有害因素及控制措施

一、事故类型及危险有害因素

1. 触电

触电伤害包括电击和电伤，电击是电流通过人体内部，破坏人的心脏、肺部及神经系统，使人出现痉挛、呼吸窒息、心颤、心搏骤停等症状，严重时会造成死亡；电伤是电流的热效应、化学效应或机械效应对人体外部的伤害，如电弧灼伤、电烙印、皮肤金属化等。

在临时用电施工过程，触电风险主要存在于人员接线、拆线过程，手持式电动工具操作、电气设备操作、带电移动电气设备过程等，临时用电常见触电原因有以下几点：

(1) 忽视安全操作，违章冒险。操作人员缺乏安全用电的基本知识，对用电操作风险认知不清，操作规程不掌握，导致违章操作。例如未断电进行用电设备检修或拆装，不带绝缘器具操作用电设备等。

(2) 输电线或电气设备的绝缘损坏，由于设备受潮、负荷过大、绝缘老化等原因导致绝缘损坏，当人体无意间触及带电的裸露导线或金属外壳时就会触电。

(3) 用电设备安装不规范。例如：电缆未按要求进行架高或埋地，用电设备未按规定进行“一机一闸一保护”，电气设备固定不牢等。

(4) 用电设备安全防护措施不到位。例如：用电设备保护接地、保护接零、漏电保护、安全电压等措施未落实。

2. 火灾爆炸

电气线路、设备在异常情况下运行，由于短路、过载、接触不良、散热不良等原因产生电弧、电火花和危险温度，是引发电气火灾的主要原因。

临时用电施工过程，火灾爆炸风险主要存在于易燃易爆区域、受限空间、含有(产生)粉尘等区域(场所)进行施工时，电气设备周围堆放易燃物和可燃物也可能造成火灾。临时用电常见火灾爆炸原因有以下几点：

(1) 线路短路。

所谓短路就是交流电路的两根导线互相触碰，电流不经过线路中的用电设备，而直接形成回路。线路短路时，电流会急剧增大，比正常情况下大几十倍、几百倍，会在极短时间内使导线产生高达数千摄氏度的温度，足以引燃附近的易燃物。

(2) 接触不良。

由于电线接头不良，造成线路接触电阻过大而发热，当这些热量足以熔化电线的绝缘层时，绝缘层便会起火，从而引燃附近的可燃物。

(3) 线路超负荷。

不同材料和横截面积的电线有一定的安全载流量，如果通过电线的电流超过它的安全载流量，电线就会发热，严重时会导致起火。

(4) 线路漏电。

电线或其支架材料的绝缘性能不佳，以致导线与导线或导线与大地之间有微量电流通过。漏电严重时，漏电火花和高温也能成为火灾的火源。

(5) 电火花和电弧。

电火花是两极间放电的结果；电弧则是由大量密集的电火花构成，温度可达3000℃以上。绝缘导线漏电处、导线断裂处、短路点、接地点及导线连接松动均会有电火花、电弧产生，它们落在可燃、易燃物上就可能引起火灾。

(6) 绝缘击穿起火。

因为敷设电缆时其保护铅皮受损伤；或是在运行中电缆的绝缘体受到机械破坏，引起电缆芯与电缆芯之间或电缆芯与铅皮之间的绝缘体被击穿而产生电弧，致使电缆的绝缘材料发生燃烧；或因电缆长时间超负荷使电缆绝缘性能降低甚至丧失，发生绝缘击穿而使电缆燃烧。

(7) 线路或用电设备不防爆。

在防爆场所使用的临时电源、电气元件和线路未达到相应的防爆等级要求，易造成爆炸等事故。

3. 其他危害

在不同的场所进行临时用电可能导致的风险也不一样，如临时用电施工涉及高处作业，因触电可能会导致高处坠落等。

临时用电过程因接线错误、设备设施选型不对，线路及带电设备负荷过重等原因，会导致出现设备设施损坏、生产运行中断等情况，从而给生产单位带来财产损失。

二、控制措施

1. 管理措施

（1）操作人员掌握安全用电基本知识和所用设备的基本性能。

（2）操作人员必须按规定穿戴相应的防护用具。

（3）作业前对施工人员进行安全教育和施工安全交底，施工人员熟知操作规程及主要危险危害因素。

（4）进行开工条件确认，作业开工前临时用电单位、施工单位、配送电单位对现场“人、机、管、环”进行检查，检查设备、装置、线路等是否完好；检查带电设备接地、接零和漏电保护设施等防护措施是否到位；检查施工环境是否合格等。

（5）配送电单位在签发临时用电作业许可证前，要针对作业内容进行危害识别，落实相应的作业程序及安全措施，配送电单位负责人到现场对作业程序和安全措施进行确认，合格后签发作业许可证。

（6）临时用电的漏电保护器每天使用前必须进行漏电保护试验，严禁在试验不正常情况下使用。

（7）配送电单位应将临时用电设施纳入正常运行电气巡回检查范围，每天不少于 2 次巡回检查，并建立检查记录和隐患问题处理通知单，确保临时供电设施完好。对存在重大隐患和发生威胁安全生产的紧急情况时，配送电单位有权紧急停电处理。

（8）施工单位应对临时用电设备和线路进行检查，每天不少于 2 次，并建立检查记录。

2. 技术措施

（1）施工单位的自备电源不得接入公用电网。

（2）临时用电工程专用的电源中性点直接接地的（220V/380V）三相四线制低压电力系统，必须符合《施工现场临时用电安全技术规范》（JGJ 46）规定。

（3）临时用电设备和线路应按供电电压等级和容量正确使用，所用电气元件应符合国家、行业规范标准要求；临时用电电源施工、安装应严格执行电气施工安装规范，并接地良好。

(4) 在防爆场所使用的临时电源、电气元件和线路应达到相应防爆等级要求，并采用相应的防爆安全措施。

(5) 临时用电的电气设备的接地和保护安装应符合规范的要求，保护零线(PE 线)采用绝缘导线，最小截面积符合要求，严禁装设开关或熔断器；工作零线(N 线)必须通过漏电保护器，通过漏电保护器的工作零线与保护零线之间不得再做电气连接。

(6) 临时用电线路及设备的绝缘应良好。

第三节 安全管理基本要求

一、管理职责

1. 作业人员职责

经过国家现行标准考核合格后，持证上岗，参加 JSA 分析，参加并接受安全技术交底。工作前必须熟悉临时用电许可证的内容，检查安全措施的落实，做好事故的预防，按标准施工，有权拒绝违章指挥，及时处理异常问题，遇到险情时立即停止作业。

2. 临时用电施工监护人职责

参加 JSA 分析，参加安全确认，参加并接受安全技术交底，监督全程施工(当发现临时用电作业内容与许可证不相符合，或者相关安全措施不落实时，有权制止作业；作业过程中出现异常时，应及时采取措施，有权终止作业；不得随意离开现场，确需离开时，收回作业许可证，暂停作业)，参加完工验收，在《临时用电作业许可证》上签署意见。

3. 临时用电单位现场负责人职责

牵头组织现场进行 JSA 分析，参加安全确认，《临时用电作业许可证》签字，牵头组织现场进行危害告知和安全技术交底，严格遵守临时用电规定，不得变更地点和作业内容，禁止任意增加用电负荷或私自向其他单位转供电，参加完工验收，及时通知供电执行单位停电，进行相应确认后，拆除临时用电。

4. 施工单位项目负责人职责

提出并填写《临时用电作业许可证》申请，参加 JSA 分析，编制临时用电方案(使用 6kV 及以上临时电源)，牵头组织现场确认落实《临时用电作业许可证》《临时用电方案》中各项安全措施并签字，参加安全技术交底，补充安全措施要求，组织安全施工，落实安全措施，参加完工验收，在《临时用电作业许可证》上签署意见。

5. 供电执行单位（配送电单位）专业技术负责人职责

参加JSA分析，审查《临时用电作业JSA分析记录表》，参加安全确认，签发《临时用电作业许可证》，参加安全技术交底，负责施工过程安全监督管理，现场协调，牵头组织完工验收，安排停止供电，在《临时用电作业许可证》上签署意见。

二、工作程序

1. 临时用电许可证办理

（1）临时用电必须办理作业许可证，凭证作业。

（2）临时用电的施工单位负责人持《电工作业操作证》《用火作业许可证》（火灾爆炸危险场所）、临时用电方案（使用6kV及以上临时电源）、施工作业单等资料到配送电单位办理许可证。

（3）配送电单位负责人应对作业程序和安全措施进行现场确认后，签发作业许可证。

（4）临时用电场所涉及用火作业、高处作业、进入受限空间作业等，需办理相应的作业许可。

（5）检修、施工使用6kV及以上临时电源，用电单位需编制临时用电方案。

（6）施工现场临时用电设备在5台及以上或者设备容量在50kW及以上的，应编制用电组织设计。

（7）配送电单位送（停）电作业人员和施工单位安装临时用电线路的电气作业人员应持有效电工作业证。

（8）临时用电许可证审批人和监护人应持证上岗。

2. 临时用电作业程序

（1）临时用电作业前，施工单位负责人应向施工作业人员进行作业程序和安全措施交底。

（2）送电前，临时用电配送电单位和施工单位应检查临时用电线路和电气设备，确认《临时用电作业许可证》的安全措施全部得以落实，电源接入前，确认接入点无电压。

（3）施工过程加强现场安全监护，配送电单位、施工单位安排专人进行全程现场监护并进行视频监控。

（4）在开关上接引、拆除临时用电线路时，其上级开关应断电上锁并加挂“禁止合闸、有人工作”安全警示标牌，严禁带电作业。

（5）施工现场停止作业1h以上时，应将动力开关箱断电上锁。

（6）临时用电单位应严格遵守临时用电规定，不得擅自变更地点和作业内容，禁止任意增加用电负荷或私自向其他单位转供电。

三、作业环境与设备设施

1. 作业环境要求

（1）临时用电的电气设备周围不得存放易燃易爆物、污染源和腐蚀介质，否则应采取防护处置措施，其防护等级必须与环境条件相适应。

（2）在运行的生产装置、罐区和具有火灾爆炸危险场所内不得随意接临时电源，确属装置生产、检维修施工要求时，在办理“临时用电作业许可证”的同时，按规定办理“用火作业许可证”。

（3）开关箱、配电箱周围应有足够两人同时工作的空间和通道，不得堆放任何妨碍操作、维修的物品，不得有灌木杂草。

（4）配电室应靠近电源，并应在灰尘少、潮气少、振动小、无腐蚀介质、无易燃易爆物及道路畅通的地方。

（5）配电室和控制室应能自然通风，并应采取防止雨雪侵入和小动物进入的措施。

2. 临时用电线路（电缆）管理

（1）临时用电的电源线必须采用橡胶护套绝缘电缆。

（2）电缆中必须包含全部工作芯线和用作保护零线或保护线的芯线，需要三相四线制配电的电缆线路必须采用五芯电缆。

（3）电缆线路必须有短路保护和过载保护。

（4）电缆线路应采用埋地或架空敷设（不具备条件时可采用护管、线槽等保护方式），严禁沿地面明设，并应避免机械损伤和介质腐蚀。

（5）临时用电架空线应采用绝缘铜芯线，架空设在专用电杆上，严禁设在树木和脚手架上。架空线最大弧垂与地面距离，在施工现场不小于2.5m，穿越机动车道不小于5m；架空线路的线间距不得小于0.3m，靠近线杆的两道线间距不得小于0.5m。

（6）对需要埋地敷设的电缆线路应设“走向标志”和“安全标志”。电缆埋地深度不应小于0.7m，穿越公路时应须覆盖硬质保护层，穿越建（构）筑物、道路及易受损伤场所时，须另加保护套瓷。

（7）配电线路至配电装置的电源进线必须做固定连接，严禁做活动连接。

（8）电缆接头盒应设置于地面以上，并能防水、防尘、防腐和防机械损伤；电缆无中间接头和扭结。

3. 施工现场用电设备

(1) 临时用电线路漏电保护器的选型和安装必须符合《剩余电流动作保护器的一般要求》(GB 6829)和《漏电保护器安装和运行的要求》(GB 13955)的规定。临时用电设施应做到“一机一闸一保护”，开关箱和移动式、手持式电动工具应安装符合规范要求的漏电保护器。

(2) 现场临时用电配电盘、箱应有编号和防雨措施，离地距离不少于30cm；盘、箱、门牢靠关闭。

(3) 每台用电设备必须有各自专用的开关箱，严禁用同一个开关箱直接控制两台及两台以上用电设备(含插座)。

(4) 开关箱、配电箱的电源进线端严禁采用插头和插座做活动连接。

(5) 电气设备设置场所应能避免物体打击和机械损伤，否则应做防护处置。

(6) 动力配电箱和照明配电箱宜分别设置，当合并设置为统同一配电箱时，动力和照明应分路配电，动力开关箱与照明开关箱必须分设。

4. 施工现场照明供电要求

(1) 一般场所的照明电压为220V。

(2) 照明变压器必须使用双绕组型安全隔离变压器，严禁使用自耦变压器。

(3) 正常环境下照明器选用开启型，潮湿环境下选用密闭防水型，易燃、易爆选用防爆型。

(4) 行灯电压不应超过36V，在特别潮湿的场所或塔、釜、槽、罐等金属设备作业装设的临时照明行灯电压不应超过12V。

四、防护要求

1. 常见用电安全防护用品用具

(1) 电气绝缘工具

电气绝缘工具是采用绝缘材料进行加工并适用于电气管理中的使用工具用具，绝缘工具分为基本安全绝缘工具和辅助安全绝缘工具。

基本安全绝缘工具是指绝缘强度足以承受电气运用电压的安全用具，如绝缘操作杆(绝缘棒)、绝缘夹钳、绝缘台(梯)。辅助绝缘工具是指不足以承受电气运行电压，在电气作业中，配合基本安全绝缘工具使用的用具(如绝缘手套、绝缘垫、绝缘鞋等)，不可以接触带电部分。

① 绝缘手套

绝缘手套(图 2-3)主要用于电工作业，检验周期为 6 个月，并贴有“检验合格证”标识。每次使用绝缘手套前，必须做气密性检查试验，确认无漏气后方准使用，具体方法：将手套从口部向上卷，稍用力将空气压至手掌及指头部分检查上述部位有无漏气，如有则不能使用。使用时注意防止尖锐物体刺破手套，不得接触油类及腐蚀性物品；使用后应存放在密闭的橱内，应与工具、仪表分别存放。

② 绝缘鞋(靴)

绝缘靴(图 2-4)鞋帮上应有绝缘永久标记，鞋底有耐压登记标记，鞋胶料部分无破损。检验周期为 6 个月，并贴有“检验合格证”标识。必须在规定的电压范围内使用，不得在水、油、酸、碱等环境内作为辅助安全用具使用。绝缘鞋(靴)应保持干燥，不得在鞋底上钉铁钉。

图 2-3　绝缘手套

图 2-4　绝缘靴

图 2-5　绝缘操作杆

③ 绝缘操作杆

绝缘操作杆(图 2-5)的电压等级标识必须清晰、准确；绝缘操作杆的绝缘部分长度不得小于 0.7m；连接绝缘操作杆的节与节的丝扣必须完好，连接牢固；绝缘操作杆必须定期检验，检验周期为 12 个月。绝缘操作杆应悬挂在支架上，不得与墙面接触或斜放；使用前必须对绝缘操作杆进行外观检查，且核对与操作设备的电压等级；使用时应避免对杆体的弯曲力，以防损坏杆体；使用后应及时将杆体表面的污迹擦拭干净，并将各节分解后装入专用工具袋内。

(2) 验电器

① 低压验电笔(图 2-6)

图 2-6　低压验电笔

验电笔前端为金属探头，用来与所检测设备进行接触。后端也是金属物，用来与人体接触。中间的绝缘管内是能发光的氖灯、电阻以及压力弹簧。

当测试带电体时，工作人员应让验电笔的金属探头接触带电体，同时用手碰触验电笔尾端的金属片，如果带电体有电流通过并使得电路通畅，则验电笔的氖泡发光。

使用验电笔应注意以下方法和技巧：

• 使用验电笔之前首先要对验电笔进行校验，以确定验电笔的功能正常。

• 使用验电笔进电场测试之前，检测所在场所的电压是否适用。不要尝试用验电笔测试高于适用范围的电压，以免发生危险。

• 用验电笔时，勿要用手触及验电笔前端的金属探头以免发生触电事故；使用验电笔一定要用手触及验电笔尾端的金属片或者金属钩。如果没有这样做的话，虽然验电笔的氖泡没有发光，但因为带电体、验电笔、人体和大地并没有形成回路，不能正确判断带电体是否带电，一旦误判将非常危险。

• 在明亮的光线下使用验电笔时要尤其注意判断验电笔的氖泡是否发亮。

② 高压验电器(图 2-7)

高压验电器是由电子集成电路制成的，声光指示性能稳定、可靠，具有全电路自检功能和抗干扰性强等特点。验电器的电压等级标识必须清晰、准确。验电器必须定期检验，检验周期为 6 个月；验电器应放在防潮

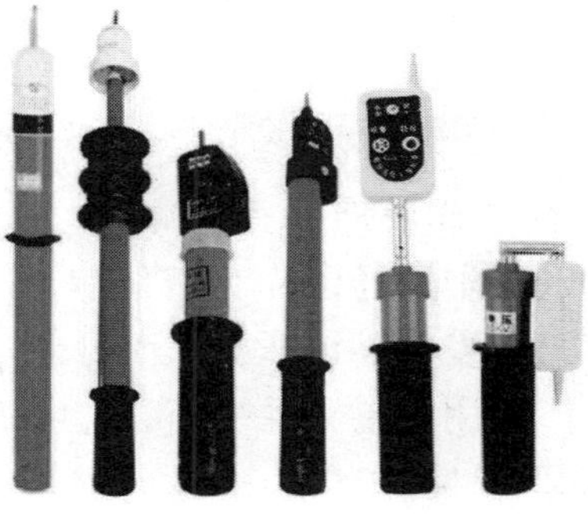

图 2-7　高压验电器

柜内，并放在干燥的地方。使用前必须对验电器进行外观检查，且核对被检测用电设备的电压等级；验电前，必须先在已知有电的高压设备上测试，确认验电器完好；使用前，要按所测设备(线路)的电压等级将绝缘棒拉伸至规定长度，选用合适型号的指示器和绝缘棒，并对指示器进行检查，投入使用的高压验电器必须是经电气试验合格的。

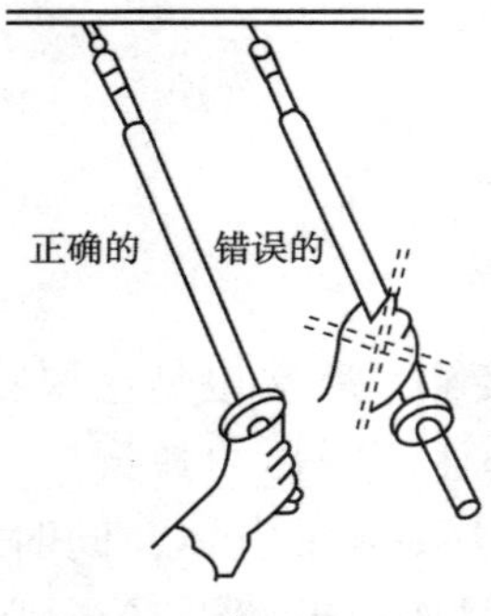

图 2-8　高压验电笔操作示意图

用高压验电器进行验电时，必须戴上符合要求的绝缘手套；应将高压验电器缓慢移近高压设备，直到接触导体部分。若高压验电器无声、光指示，可判断为无电；否则，有电。验电时，要防止发生相间或对地短路事故；人体与带电体应保持足够的安全距离，10kV 高压的安全距离为 0.7m 以上。室外使用时，天气必须良好，雨、雪、雾及湿度较大的天气中不宜使用普通绝缘杆的类型，以防发生危险。见图 2-8。

2. 常见用电安全保护设备

(1) 熔断器

熔断器(图 2-9)是指当电流超过规定值时，以本身产生的热量使熔体熔断，断开电路的一种电气。熔断器是根据电流超过规定值一段时间后，以其自身产生的热量使熔体熔化，从而使电路断开。熔断器广泛应用于高低压配电系统和控制系统以及用电设备中，作为短路和过电流的保护器，是应用最普遍的保护器件之一。

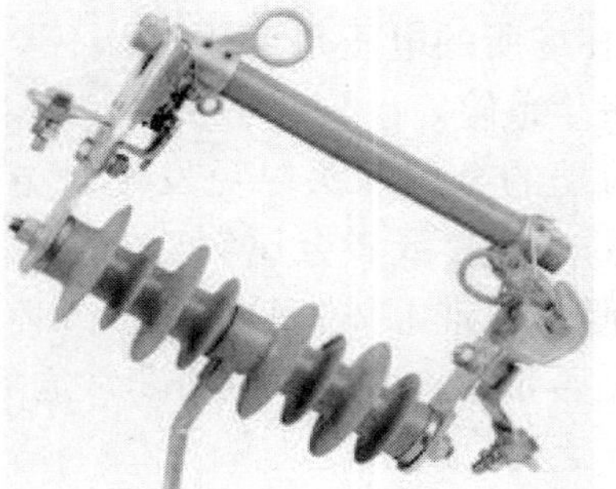
图 2-9　高压熔断器

熔断器广泛应用于高低压配电系统和控制系统以及用电设备中，作为短路和过电流的保护器，是应用最普遍的保护器件之一。

① 工作原理

利用金属导体作为熔体串联于电路中，当过载或短路电流通过熔体时，因其自身发热而熔断，从而分断电路的一种电气。熔断器结构简单，使用方便，广泛用于电力系统、各种电工设备和家用电器中作为保护器件。

② 分类

熔断器根据使用电压可分为高压熔断器和低压熔断器。

根据保护对象可分为保护变压器用和一般电气设备用的熔断器、保护电压互感器的熔断器、保护电力电容器的熔断器、保护半导体元件的熔断器、保护电动机的熔断器和保护家用电器的熔断器等。

根据结构可分为敞开式、半封闭式、管式和喷射式熔断器。

③ 熔断器使用注意事项

- 熔断器的保护特性应与被保护对象的过载特性相适应，考虑到可能出现的短路电流，选用相应分断能力的熔断器；
- 熔断器的额定电压要适应线路电压等级，熔断器的额定电流要大于或等于熔体额定电流；
- 线路中各级熔断器熔体额定电流要相应配合，保持前一级熔体额定电流必须大于下一级熔体额定电流；
- 熔断器的熔体要按要求使用相配合的熔体，不允许随意加大熔体或用其他导体代替熔体。

(2) 漏电保护器

漏电保护器(图 2-10)主要是用来在设备发生漏电故障时以及对有致命危险的人身触电保护，具有过载和短路保护功能，可用来保护线路或电动机的过载和短路，亦可在正常情况下作为线路的不频繁转换启动之用。

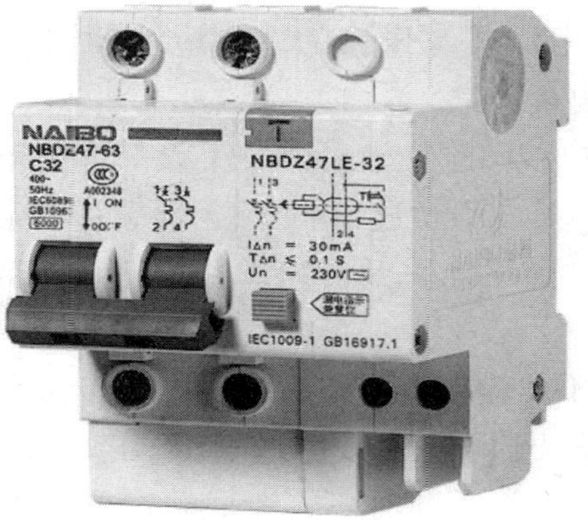

图 2-10 漏电保护器

漏电保护器可以按其保护功能、结构特征、安装方式、运行方式、极数和线数、动作灵敏度等分类，这里主要按其保护功能和用途分类进行叙述，一般可分为漏电保护继电器、漏电保护开关和漏电保护插座三种。

漏电保护继电器是指具有对漏电流检测和判断的功能，而不具有切断和接通主回路功能的漏电保护装置。漏电保护继电器由零序互感器、脱扣器和输出信号的辅助接点组成。它可与大电流的自动开关配合，作为低压电网的总保护或主干路的漏电、接地或绝缘监视保护。

当主回路有漏电流时，由于辅助接点和主回漏电保护器路开关的分离脱扣器串联成一回路，因此辅助接点接通分离脱扣器而断开空气开关、交流接触器等，使其掉闸，切断主回路。辅助接点也可以接通声、光信号装置，发出漏电报警信号，反映线路的绝缘状况。

漏电保护开关是指不仅它与其他断路器一样可将主电路接通或断开，而且具有对漏电流检测和判断的功能，当主回路中发生漏电或绝缘破坏时，漏电保护开关可根据判断结果将主电路接通或断开。它与熔断器、热继电器配合可构成功能完善的低压开关元件。

漏电保护插座是指具有对漏电电流检测和判断并能切断回路的电源插座。其额定电流一般为20A以下，漏电动作电流为6~30mA，灵敏度较高，常用于手持式电动工具和移动式电气设备的保护及家庭、学校等民用场所。

3. 临时用电防火、防雷措施

(1) 线路防火

① 线路敷设临时架空线采用绝缘导线，线间距离不得小于30mm，导线应用瓷瓶、蝶式绝缘子等固定，不应将导线挂在树上，在分支线路的终点杆上应装设横担、瓷瓶固定导线，不得乱拉乱绑。

② 临时用电线路的电源侧及操作的地方应装开关、熔断器。户外的开关、熔断器及插座有防雨箱保护。

③ 建筑内的临时用电线路不应沿可燃物架设。容量较小时，可用橡套电缆或塑料护套的软绞线，长度不超过100m，全长应有支架固定，线上不得有接头。软线相互连接时，应用插头及插座。临时用电线路不应架设在可燃、易燃物的上方。

④ 易燃建筑内一般不要敷设电气线路，若因工作需要敷设时，必须采用瓷瓶明线敷设，并应在屋架的下弦布线，线间距不应小于60mm。电线截面的选择应严格根据实际负载计算，同时还应考虑温度校正系数。电线的敷设和照明灯具、开关等应符合电气安装规程的有关要求。

⑤ 户外临时用电在使用中，如遇到大风、暴雨等特殊情况，有关电工应视具体情况暂时切断电源。待风雨过后，将线路重复检查一遍，确认一切正常后，方可通电使用。

⑥ 临时线路，严禁采用“一地一线”制安装电气照明及其他用电设备。并指定专人负责管理，在使用中经常检查，按期拆除。

(2) 照明灯具防火

① 照明灯具应安装在不燃或难燃基座上。

② 灯泡与可燃物要有一定的安全距离。白炽灯、高压汞灯与可燃物之间的距离不小于0.5m，卤钨灯距可燃物必须大于0.8m。

③ 室外220V灯具距地面不得低于3m，室内220V灯具距地面不得低于2.5m。

④ 室外的照明灯具应装防护罩，防止水滴溅射到高温的灯泡表面而使灯泡爆裂，已破裂了的灯泡应及时更换。

⑤ 靠近卤钨灯管处的电线应用玻璃丝、石棉、瓷管等耐热绝缘管保护，以防灯管的高温将绝缘层烤坏，引起短路。

⑥ 镇流器应安装在通风散热的地方，不要固定在可燃物件上。

⑦ 照明灯具如果装在可燃结构部位或嵌装在木制吊顶内时，应在灯具周围做好防火隔热处理。严禁用纸、布或其他可燃材料做灯罩。

⑧ 普通灯具与易燃物距离不宜小于300mm；聚光灯、碘钨灯等高热灯具与易燃物不宜小于500mm，且不得直接照射易燃物。达不到规定安全距离时，应采取隔热措施。

五、操作要求

(1) 电工必须经过按国家现行标准考核合格后，持证上岗工作；其他人员必须通过相关安全教育培训和技术交底，考核合格后方可上岗工作。

(2) 安装、维修或拆除临时用电设备和线路，必须由电工完成，并应有人监护，做好工作记录。

(3) 使用电气设备前必须按规定穿戴和配备好相应的劳动防护用品，并严格检查电气装置和保护设施，严禁设备带“缺陷”运转。

(4) 严格按照操作规程进行操作，设备停送电采取保证安全的技术措施。即：停电、验电、装设接地线、悬挂警示牌和装设遮栏。

(5) 暂时停用设备的开关箱必须分断电源隔离开关，并应关门上锁。

(6) 移动电气设备时，必须经电工切断电源并做妥善处理后进行。

(7) 在临时用电有效期内，如遇施工过程中停工、人员离开时，临时用电单位应从受电端向供电端逐次切断临时用电开关。重新施工时，须对线路、设备检查确认后方可送电。

六、完工验收

(1) 作业完工后，施工单位应及时通知配送电单位停电，并作相应确认后，拆除临时用电线路。

(2) 配送点单位会同施工单位进行完工验收，在《临时用电作业许可证》

上签署意见。

（3）牵头组织完工验收，安排停止供电，在《临时用电作业许可证》上签署意见。

（4）《临时用电作业许可证》分别由配送电单位、施工单位部门留存。

第四节　应急处置

临时用电施工现场最主要的风险是触电和电气火灾，触电事故和火灾也是临时用电施工最易发生、最频繁的事故，本节重点对触电事故和电气火灾的应急处置措施进行介绍。

1. 发生触电事故的应急措施

发现有人触电，首先要尽快使触电者脱离电源，然后根据触电者的具体症状进行对症施救。触电急救的要点是动作迅速，救护得法，切不可惊慌失措，束手无策，要贯彻“迅速、就地、正确、坚持”的触电八字方针，进行抢救。脱离电源越快，抢救越及时，触电者救活的可能性就越大。

（1）脱离电源的基本方法

① 拉闸断电，触电时临近地点有电源开关或插头时，可立即拉开开关或拔下插头，切断电源。

② 切断电源线，如果触电地点附近没有或一时找不到电源开关或插头，则可用电工绝缘钳或干燥木柄铁锹、斧子切断电线、断开电源。断线时，要做到一相一相断，在要断的护套线时应防止短路弧光伤人。

③ 用绝缘物品脱离电源，当电线或带电体落在触电者身上或被压在身下时，可用干燥的衣服、手套、绳索、木板、木棍等绝缘物品作为救助工具，挑开电线或拉开触电者，使之脱离电源。

④ 如果触电者由于痉挛手指紧握导线缠绕在身上，救护人员可先用干燥的木板塞进触电者身下使其与地绝缘来隔断入地电流，然后再采取其他办法把电源切断。

⑤ 对于高压触电应立即拉闸停电救人，当无法通知拉闸断电时可以采用抛掷金属导体的方法，使线路短路迫使保护装置动作而断开电源。高空抛掷要注意防火，抛掷点应尽量远离触电者。

（2）脱离电源的注意事项

① 救护者一定要判明情况做好自身保护。在切断电源前不得与触电者裸露接触（跨步电压触电除外）。

② 在触电者脱离电源的同时，要防止二次摔伤事故（电击二次伤害），即

使是在平地上也要注意触电者倒下去的方向，避免摔伤头部。

③ 如果夜间抢救，要及时解决临时用电照明，以免延误抢救时间。

2. 人员触电现场急救措施

当触电者脱离电源后，应根据触电者的具体情况，迅速组织现场救护工作。要视触电者身体状况，确定护理和抢救方法。人触电后不一定立即死亡，出现神经麻痹、呼吸中断、心脏停搏等症状，外表上呈现昏迷的状态，此时要看作是假死状态，如果现场抢救及时，方法得当，人是可以获救的。现场急救对抢救者是非常重要的。一些统计资料指出，触电后 1min 开始抢救者，90%有良好效果；12min 开始救治者，救活的可能性就很小。这说明抢救时间是个重要因素。因此，争分夺秒，及时抢救是至关重要的。

触电失去知觉后进行抢救，一般需要很长时间，必须耐心持续地进行。只有当触电者面色好转、口唇潮红、瞳孔缩小、心跳和呼吸逐步恢复正常时，才可暂停数秒进行观察。如果触电者还不能维持正常心跳和呼吸，则必须继续进行抢救。触电者应尽可能就地进行急救，只有条件不允许时，才可将触电者抬到可靠的地方进行急救。

在运送医院途中，抢救工作也不能停止，直到医生宣布可以停止为止。抢救过程中不要轻易注射强心针，只有确定心脏已停止跳动时，才可使用。

（1）救护方法

① 触电者神志清醒，但有些心慌，四肢发麻、全身无力或触电者在触电过程中曾一度昏迷，但已清醒过来。应使触电者安静休息、不要走动、严密观察，必要时送医院诊治。

② 触电者已经失去知觉，但心脏还在跳动，还有呼吸，应使触电者在空气清新的地方舒适、安静地平躺，解开妨碍呼吸的衣扣、腰带。如果天气寒冷要注意保持体温，并迅速请医生到现场诊治。

③ 如果触电者失去知觉、呼吸停止，但心脏还在跳动，应立即进行口对口（鼻）人工呼吸，并及时请医生到现场。

④ 如果触电者呼吸和心脏跳动完全停止，应立即进行口对口（鼻）人工呼吸和心脏按压急救，并迅速请医生到现场，应当注意急救应尽快进行，即使送往医院的途中，也应持续进行。

（2）抢救过程中注意事项

① 在进行人工呼吸和急救前，应迅速将触电者衣扣、领带、腰带等解开，清除口腔内假牙、异物、黏液等，保持呼吸道畅通。

② 不要使触电者直接躺在潮湿或冰冷的地面上急救。

③ 人工呼吸和急救应连续进行，换人时节奏要一致。如果触电者有微弱自主呼吸时，人工呼吸还要继续进行。但应和触电者的自主呼吸节奏一致，直到呼吸正常为止。

④ 对触电者的抢救要坚持进行。发现瞳孔放大、身体僵硬、出现尸斑应经医生诊断，确认死亡方可停止抢救。

3. 电气火灾的应急处置措施

（1）电气设备线路起火时，一般是由于带电燃烧，火势发展较快，在线路下可形成火龙，并发出强烈耀眼的弧光。因此，扑救这种火灾，必须首先了解电源是否断绝，电压是高压还是低压，电源电闸的位置在何处，附近有没有可蔓延燃烧的东西等，以便区分不同对象、不同情况，采取不同的灭火方法。

（2）不论何种电气设备，线路发生火灾都要设法断绝电源，然后再进行扑救。断电时应与电工等有关人员配合，尽快设法切断电源。当电压在250V以下时，可以穿绝缘靴，戴绝缘手套，用断电剪把电线剪断。对于三相线路的非同相电线和扭在一起的合股电线，应分别在不同的部位剪断，以免发生短路。用闸刀开关切断电源时，最好利用绝缘操作杆或干燥的木棍操作。如果需要切断动力线电源，应先把动力设备断电，然后再断开闸刀，避免带负荷操作，防止电弧伤人。

（3）要迅速抢救疏散起火电气设备和线路附近的可燃物品，防止火势蔓延扩大。

（4）电气设备火灾，在没切断电源的情况下，严禁使用水或泡沫灭火器等带导电性质的灭火器材进行扑救，可用干粉灭火器、二氧化碳灭火器(适于600V以下的电气设备)或干砂土扑救，但人员必须与着火的电气设备、线路保持1m左右的距离，防止灭火剂被电流击穿触电伤人。如果断绝了电源，就可按一般物质的扑救方法进行扑救。

（5）如果发现火势蔓延，无法控制，须立即通知配送电单位，并拨打消防报警电话，通知消防部门前往扑救。

第五节　典型案例

一、某公司临时用电火灾事故

1. 事故经过

某公司402#原油储罐(直径46m，高19.3m，总容量为30000m^3)于1995

年投入使用，一直未检修，在使用过程中发现中央雨排管破漏、蒸汽盘管泄漏，计划安排大修。车间 2002 年 10 月 22 日将罐内原油倒空停用。由于多年使用，罐底残留水、泥、沙、油等沉淀物高 0.4m 左右。罐底清理工作由某承包商承揽，10 月 25 日，油品车间为承包商办理了临时用电作业票，当日开始清理工作。21 时左右，承包商现场负责人押运油罐车到油品车间盛装罐底油泥，油罐车停靠在 402#罐东侧防火堤外消防通道上，由该承包商员工负责在车顶装油泥。22 时 10 分左右，进行停泵操作。随之就在木制配电盘的附近发生爆燃，火势顺延至人孔处，致使人孔处着火。在灭火时承包商经理被烧伤，送往医院进行抢救，现场负责人被当场烧死，罐内余火于 28 日 12 时 30 分扑灭。

2. 原因分析

（1）直接原因

承包商严重违反临时用电安全管理规定中关于“在火灾爆炸危险区域使用临时用电设备必须符合防爆等级要求”的规定，在防爆区域使用了不防爆的电开关，在停泵过程中开关产生的火花遇到油泥挥发并积聚的轻组分，发生了爆燃，导致火灾发生。

（2）间接原因

① 承包商进入火灾爆炸危险场所进行临时用电施工，未落实安全措施，现场监护不到位。

② 施工人员教育培训不到位，安全意识淡薄，现场负责人违章指挥。

③ 甲方安全监管不到位，未严格执行开工条件确认、风险告知等作业程序，致使承包商在不具备开工条件的情况下，擅自开工。

二、某承包商临时用电施工触电事故

1. 事故经过

某单位在某输气管线(直径 325mm)施工中，发现第 28 道焊口处管线组对点焊固定点断裂，需要重新修复组对。施工人员随即将 50kV 活动发电机，从第 25 道焊口往前拖 30m 到第 28 道焊口处，拽拖过程中，放置在发电机上的角向磨光机掉入施工现场泥水中，整个磨光机被泥水浸湿。后经简单烘干处理，在未做测试情况下，电焊工刘某戴电焊防护手套，持磨光机对焊口进行打磨，打磨完焊口底部后放下磨光机，去取电焊面罩和焊把。站在旁边的电工于某月普通防护手套去拿磨光机时触电倒下，经抢救无效死亡。

2. 原因分析

(1) 直接原因

手持式磨光机掉入泥水中后，未做全面彻底处理并测试，通电后外壳带电，导致电工触电。

(2) 间接原因

手持磨光机既没有接地，也没有装漏电保护器，是导致事故发生的主要原因。

电工于某安全意识淡薄，用普通防护手套去拿磨光机时触电，是导致事故的间接原因。

第三章

进入受限空间作业安全管理

油气田企业的油气开采、处理、集输和注水等生产工艺流程，涉及大量油水储罐、锅炉、容器、塔、坑（池）、井等封闭和半封闭设施及场所。在清污、检维修等作业过程中，不可避免要进入上述受限空间；受限空间通风不良，且多涉及易燃易爆、有毒有害介质，人员进入易发生中毒、窒息、火灾爆炸等事故；且作业场地狭小，进出口受限，不利于安全监护和应急救援，给油气田生产和人员安全构成严重威胁。本章重点对进入受限空间作业涉及的危险有害因素控制措施、作业安全管理基本要求、应急处置等内容进行分析阐述，为进入受限空间作业提供安全指导，避免进入受限空间作业事故发生。

第一节　定义及适用范围

一、定义

1. 受限空间

是指进出口受限、通风不良，可能存在易燃易爆、有毒有害介质或缺氧，对进入或探入人员的健康和生命安全构成威胁的封闭、半封闭设施及场所。如储罐、反应器（塔、釜）、槽罐、锅炉、烟道、管道以及涵洞、窨井、坑（池）、下水道等。

2. 进入受限空间作业

是指作业人员进入受限空间实施的清污、检修、建造、涂刷等作业活动。

二、范围

陆上油气田企业涉及的受限空间主要包含以下方面：

1. 钻采系统

储油罐、药剂罐、井口防盗箱（房）、单井高架罐（图 3–1）、单井多功能储罐、卸油池（罐）、计量罐、加热炉、放空罐（图 3–2）等。

图 3–1　单井高架罐

图 3–2　放空罐

2. 油气水处理、集输系统

储油（采出水、气）罐（图 3–3）、储油（采出水）池、分离器（图 3–4）、稳定塔、药剂罐、电脱水器、加热炉、锅炉、阀门井（池）、管道等。

图 3-3　储油罐

图 3-4　分离器

3. 注水(聚合物、汽、气)系统

注水罐(图 3-5)、药剂罐、熟化(搅拌)罐、锅炉(图 3-6)等。

图 3-5　注水罐

图 3-6　锅炉

4. 电力、信息系统

电缆检查井(图 3-7)、地下电缆沟等。

图 3-7　电缆检查井

5. 生活服务系统

污水池(井)、沼气池、化粪池、下水道(图 3-8)、地下污水泵房、冷库等。

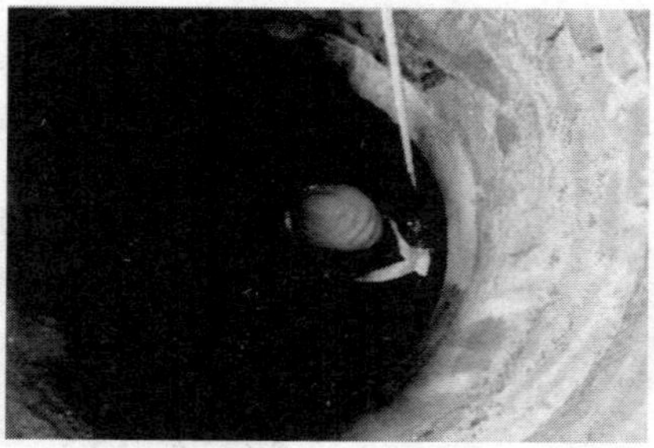

图 3-8　下水道

6. 其他

涵洞、坑等。

第二节　危险有害因素及控制措施

一、事故类型及危险有害因素

进入受限空间作业常见事故主要有中毒、窒息、火灾爆炸以及触电、高处坠落、淹溺、物体打击等。

1. 中毒、窒息

受限空间通风不良，易集聚高浓度有毒有害气体，造成进入人员中毒窒息，导致事故发生的主要因素有：在进入受限空间前未进行充分清理、吹扫、通风置换；以关闭阀门的方式代替盲板，未实现可靠隔离；生物呼吸或物质氧化作用，易导致受限空间缺氧；存在未识别出的有毒有害气体；未对受限空间内有毒有害气体进行检测确认合格的情况下无防护进入；人员误入。

常见有毒有害气体主要有硫化氢、天然气(沼气)、一氧化碳、二氧化碳、氮气等。

(1) 甲烷(CH_4)

常见的天然气、油井伴生气、沼气，其主要成分为甲烷。甲烷密度比空气小，与空气混合易形成爆炸性混合物，遇明火、高热极易燃烧爆炸，燃烧分解产物为 CO、CO_2；其爆炸极限范围：5%~15%；自燃温度：482~632℃。

(2) 硫化氢(H_2S)

主要来源于油气开采、酸洗作业以及有机物或植物等在细菌作用发酵而成，广泛存在于生产工艺流程中涉硫化氢介质罐、池、容器以及生活污水处理系统中的污水池、化粪池、下水道、地下污水泵房等受限空间内。

硫化氢是一种有臭鸡蛋味的无色酸性气体，密度比空气大，可溶于水、原油等液体（其化学性质不稳定，在压力下降、温度升高以及搅动等情况下，硫化氢易逸出）；引燃温度：260℃，爆炸极限的浓度范围为4%~46%，与空气混合能形成爆炸性混合物，遇明火、高热、氧化剂发生爆炸。

硫化氢为强烈神经毒物，主要损害呼吸、神经系统；对黏膜有强烈的刺激作用，吸入硫化氢引起咳嗽、流泪、视物模糊、流涕、咽喉灼热感、头痛、胸闷、头晕、乏力、恶心、意识模糊等；重者抽搐、呼吸困难、死亡；长期接触低浓度的硫化氢，引起神经衰弱综合征及植物神经功能紊乱；其阈限值为10mg/m^3。

（3）一氧化碳（CO）

主要因可燃物燃烧不充分而产生。一氧化碳为无色、无味、无刺激性的气体，与空气密度相当；几乎不溶于水，可溶于氨水。爆炸极限的浓度范围：12.5%~74.2%，遇热、明火易燃烧爆炸；一氧化碳与血红蛋白具有很强的亲和力，随着一氧化碳浓度的升高，血红蛋白运载氧气的能力不断下降，造成细胞缺氧窒息，主要损害神经系统。其阈限值为30mg/m^3。

（4）二氧化碳（CO_2）

是一种无色无味气体，密度比空气略大，占空气总体积的0.03%~0.04%，能溶于水，生成碳酸；CO_2本身没有毒性，但当空气中的CO_2超过正常含量时，导致缺氧，会对人体产生有害影响。

（5）氮气（N_2）

是一种无色、无味、无毒的气体。密度比空气略小，占空气总体积分数约78%（氧气约21%），化学性质不活泼，常用作保护气体。空气中氮气含量过高，引起缺氧窒息。

2. 火灾爆炸

受限空间内易燃易爆气体易集聚、不易扩散，与空气混合能形成爆炸性混合物，遇点火源发生火灾爆炸。导致事故发生的主要因素有：进入受限空间作业前未进行充分清理、吹扫、通风、置换；以关闭阀门的方式代替盲板，未实现与危险源的可靠隔离；未对受限空间内可燃气体浓度进行检测、确认合格。

常见易燃易爆介质主要有原油、天然气、沼气、一氧化碳和其他有机溶剂及其挥发物。原油中含有天然气和轻烃组分，具有易燃性、挥发性，油蒸气与空气混合，形成爆炸性混合气体，一旦遇到足够能量的点火源，就会引发火灾、爆炸事故。此外挥发出的可燃蒸气除甲烷外都比空气密度大，易在低洼、通风不良处飘浮积聚，这都是造成火灾、爆炸事故的危害因素。

3. 其他事故

主要有：

（1）受限空间内湿度较大，临时用电线路设备安装不规范、作业使用的照明行灯不符合规定要求、电气线路绝缘不良，易发生触电事故，且摆脱电压明显降低。

（2）带有搅拌设备或其他电气设备的受限空间未切断电源，易发生机械伤害和触电事故。

（3）地下受限空间，易积水，因中毒、受伤或不慎坠落导致人员淹溺，同时多伴发高处坠落事故。

（4）受限空间内湿度和温度较高，作业人员体能消耗大，易疲劳、中暑；事故状态下，处置人员一般还会背负呼吸装置，会加剧这种状况。

（5）空气中含氧量大于23.5%的富氧状态下，许多物质的燃点和自燃点会降低，在常规下不会燃烧的物质会引起火灾；同时，长时间处于富氧环境，会对人体内自由基产生影响，引起各种机体组织的损害、器官退化性破坏。

二、控制措施

（1）进入受限空间作业前，应切实做好工艺处理工作，对所有与其相连且可能存在可燃易爆、有毒有害物料的管道应断开或加盲板予以隔离（不得以关闭阀门代替加装盲板）；并对受限空间进行倒空、清理、吹扫、置换。

（2）进入受限空间作业首先要打开受限空间的门、窗、通风口、进出口、人孔、盖板等进行自然通风，必要时采取强制通风，强制通风设备应持续、有效工作，一旦设备出现异常，应立即停止工作；严禁向受限空间内充氧气。

（3）进入受限空间前30min内，应根据受限空间工艺条件对其可能存在的有毒有害气体浓度和氧含量进行检测，检测合格后方可进入；作业中断时间超过1h，应重新进行检测。

（4）作业过程中应注意保持持续通风换气，并定时监测（至少每2h监测一次）；在可能持续释放有毒有害气体以及氧气含量可能发生变化的情况下，作业人员进入受限空间应佩带便携式气体报警仪进行连续监测。

（5）进行原油、污水、污泥等介质回收作业时，应防止硫化氢等有毒有害气体析出危害，作业人员在无有效防护的情况下不得进入受限空间内作业，并注意作业面的通风，必要时采取强制通风。

（6）为避免静电可能引发的火灾爆炸事故发生，不得采用气流喷射方式清理处于火灾爆炸危险环境的油泥沙、污泥等废弃物。

（7）所有打开的人孔在检测合格之前及非作业期间，应在入口处设置警示牌，严禁入内，并采取措施防止人员误入。

（8）对带有搅拌器等转动部件的设备，应在停机后切断电源（应有明显断开点)，并在开关上挂“有人工作、严禁合闸”警示牌，必要时派专人监护。

(9) 进入受限空间内的作业人员每次工作时间不宜过长，应轮换作业或休息。

(10) 作业期间发生异常变化，作业人员应立即停止作业，向监护人发出信号，迅速撤离现场。

(11) 进入受限空间作业要实行“三不进入”，即无进入受限空间作业许可证不进入、监护人不在场不进入、安全措施不落实不进入。

(12) 进入受限空间作业必须办理许可证，涉及用火、临时用电、高处等作业时，必须办理相应的作业许可证。

第三节　安全管理基本要求

一、管理职责

(1) 许可证审批人和监护人应持证上岗，资格证书由安全监督管理部门负责组织业务培训、颁发。

(2) 按照“谁的业务谁申请”的原则，由基层单位专业技术人员提出许可申请，填写《进入受限空间作业许可证》。

(3) 二级单位业务主管部门负责人(或经授权的基层单位主要负责人)对作业程序和安全措施现场确认合格后，签发作业许可证。

(4) 施工单位在作业现场应成立作业班组，并明确现场负责人；基层单位现场负责人和施工单位现场负责人对进入受限空间作业的实施现场监督，并指派监护人，作业现场实行甲乙双方“双监护”，监护人由负责工艺、设备、技术、质量、安全等工作的技术人员担任。

(5) 由承包商负责实施的进入受限空间作业，由基层单位专业技术人员负责向承包商进行安全技术交底。

(6) 监护人职责：

① 监护人应熟悉作业区域的环境和工艺情况，有判断和处理异常情况的能力，掌握急救知识。

② 监护人在作业人员进入受限空间作业前，负责对安全措施落实情况进行检查，发现安全措施不落实或安全措施不完善时，有权阻止作业。

③ 监护人负责清点出入受限空间作业人数，在出入口处与作业人员保持联系，严禁离岗；当发现异常情况时，应及时制止作业，组织受限空间内人员有序撤离。

④ 监护人员应佩戴明显身份标识，对施工作业准备、作业条件、施工过程和完工验收实行全过程监护，在作业期间不得离开作业现场或做与监护无关的事情。

(7) 作业人员职责：

① 作业前应充分了解作业的内容、地点、时间、要求，熟知作业中的危害因素和安全措施。

② 作业人员在安全措施不落实、作业监护人不在场等情况下有权拒绝作业，并向上级报告。

③ 服从监护人的指挥，禁止携带作业器具以外的物品进入受限空间，如发现监护人不履行职责时，应立即停止作业。

④ 在作业中如发现情况异常或感到不适、呼吸困难时，应立即向监护人发出信号，迅速撤离现场。

二、工作程序

(1) 作业项目所在基层单位专业技术人员提出进入受限空间作业许可申请。

(2) 作业前，由项目所在基层单位专业技术人员牵头组织施工单位管理人员、作业人员和双方监护人开展危害辨识和作业安全分析(JSA)，制定施工方案和安全防控措施，并将安全防控措施填入作业许可证相应栏目。

(3) 由承包商负责实施的进入受限空间作业，由基层单位专业技术人员负责向承包商进行作业内容、可能存在的风险以及作业施工环境的交底。

(4) 业务主管部门负责人牵头组织基层单位和施工单位现场负责人、技术人员、监护人，对施工作业设备、设施进行现场检查，对作业许可证列出的有关安全措施的落实情况进行逐条确认合格后，签发作业许可证。

(5) 进入施工现场作业前，基层单位现场负责人会同施工单位现场负责人对施工作业人员和监护人进行必要的安全教育，做好危害告知以及作业程序和安全措施交底。

(6) 进入受限空间作业由管理人员负责现场带班。

① 检维修项目由业务主管部门负责人或经授权的基层单位主要负责人带班。

② 建设工程项目由总包或监理单位管理人员负责带班。

③ 施工现场必须由施工单位(承包商)管理人员带班，负责对施工过程进行全程管理，协调相关工作并担任特殊作业许可接收人，否则不得施工。

④ 带班人员全过程参与施工作业，全面掌控现场施工情况，及时发现和组织消除事故隐患和险情、及时制止违章违纪行为，作业过程中，带班人员不得离开现场。

（7）许可证有效期为24h，当作业内容和环境条件变更必须重新办理许可证。

（8）作业完工后应及时组织完工验收。

三、作业环境与设备设施

（1）作业现场应设置警戒带，禁止无关人员进入；在道路、居民区及危险区域内施工，坑、池、井、沟或人孔出入口应设置防护栏、盖和警示标识，夜间应设施警示灯。

（2）进入受限空间作业前应保证受限空间内可燃气体浓度、氧含量和有毒有害物质合格(可燃气体爆炸下限大于4%时，其被测浓度不大于0.5%为合格；可燃气体爆炸下限小于4%时，其被测浓度不大于0.2%为合格；氧含量19.5%~23.5%为合格；有毒有害物质不超过国家规定的“车间空气中有毒物质最高容许浓度”的指标；H_2S 最高允许浓 $10mg/m^3$)；受限空间内温度宜为常温。

（3）受限空间出入口内外不得有障碍物，应保证其畅通无阻，便于人员出入和救援疏散。

（4）进入受限空间作业应使用安全电压和安全行灯。进入金属容器(炉、塔、釜、罐等)和特别潮湿、工作场地狭窄的非金属容器内作业，照明电压不大于12V；需使用电动工具或照明电压大于12V时，应安装漏电保护器，其接线箱(板)严禁带入容器内使用。

（5）构成火灾爆炸危险环境的受限空间，进行强制通风时，应选用防爆型风机。

四、防护要求

1. 防护器具

施工作业现场应针对进入受限空间作业存在的危险有害因素，配备相应的气体检测设备、呼吸防护用品、安全作业设备、警示设施及其他个体防护装备。

（1）气体检测设备

进入受限空间作业一般采用便携式气体检测报警仪进行现场气体的快速检测，便携式气体检测仪的选用要针对受限空间内可能存在的危险有害气体选择，目前常用的为便携式多气体检测仪(图3-9)，可检测氧气、硫化氢、可燃气体、一氧化碳。

（2）呼吸防护用品

过滤式呼吸防护用品——防毒面具(图3-10)。在作业环境氧含量合格且有毒气体浓度低于立即威胁生命健康浓度(IDLH)的情况下，可选用过滤式防毒面具。为保证作业安全宜使用全面罩型防护面具，且滤毒罐应与防护气体的类型相匹配。

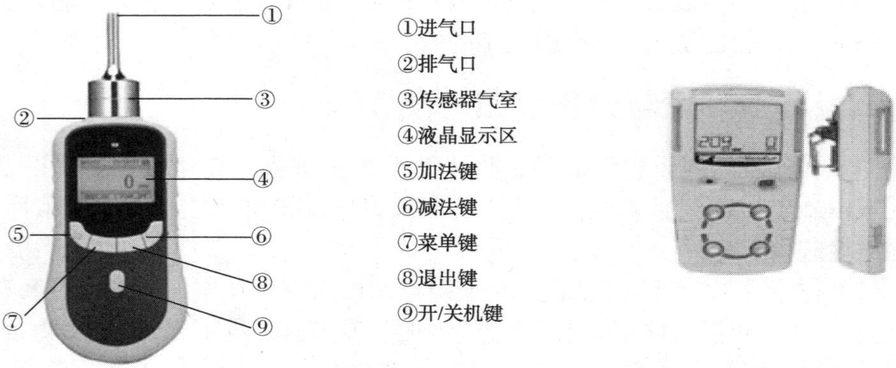

图 3-9　便携式检测仪

图 3-10　防毒面具

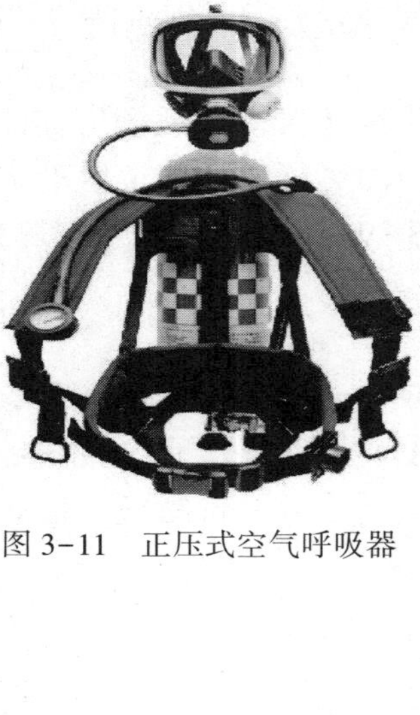

图 3-11　正压式空气呼吸器

隔离式呼吸防护用品——长管呼吸器、正压式空气呼吸器(图 3-11)。在作业环境氧含量不合格或有毒气体浓度超过立即威胁生命健康浓度(IDLH)的情况下应使用隔离式呼吸防护用品。

(3) 警示设施

主要用于隔离作业现场，警示作业人员及无关人员注意安全。主要有锥墩、护栏、警戒带、警示牌、安全告知牌等。

(4) 其他个体防护装备

主要包括安全帽、防静电工作服、安

全带、安全绳、防护服、防护眼镜、防护手套、防护鞋(靴)等，进入受限空间作业时应根据具体的作业环境进行选择和佩戴。

2. 防护要求

(1) 所配备的检测仪器、隔离式呼吸防护设备应在校验有效期内，使用前应确保其处于良好工作状态。

(2) 进入缺氧、有毒气体浓度未知或超过安全临界浓度的受限空间，应佩戴隔离式呼吸防护设备(使用送风式面具时，必须安排专人监护送风设备)，必要时拴带救生绳；严禁在有毒、窒息环境中摘下防护(呼吸)面罩。

(3) 作业过程中应注意通风换气，作业人员进入氧气、有毒有害气体浓度可能发生变化的受限空间，应佩戴便携式气体报警仪进行连续监测。

(4) 对于直径较小、通道狭窄，一旦发生事故很难进入救援的受限空间，进入前，作业人员应系好救生绳。

五、操作要求

(1) 进入受限空间作业应严格遵循“先通风、后检测、再进入”的原则。

(2) 监测人员一般应在受限空间外进行检测，可通过采样泵、导管等将危险气体引出，检测应有代表性，较大的受限空间，应对其上、中、下各部位进行检测，以确保对整个受限空间进行检测。

(3) 检测人员使用泵吸式、自吸式检测仪进行气体检测时，检测仪置于检测介质内要确保分别超过 30s、60s，保证受限空间内部检测值合格，并记录检测的时间、地点、气体种类、浓度、检测人等信息。

(4) 氧气瓶、乙炔瓶以及盛装易挥发有毒有害介质的容器不得置于受限空间内，气割作业完毕后，应及时关闭瓶阀，并将割枪、风带移至受限空间外。

(5) 进入受限空间作业，不得使用卷扬机、吊车等运送作业人员，作业人员所带的工具、材料须进行登记，禁止与作业无关的人员和物品工具进入受限空间。

(6) 作业过程要实行全过程视频监控，对确实难以实施视频监控的作业场所，应在受限空间进出口处设置视频监控，视频监控信号必须传输至监控中心，实施实时监控，对违章行为做到实时纠正。

六、完工验收

(1) 作业结束后，由现场带班人牵头组织双方(生产单位、施工单位)现场负责人、监护人进行完工验收，对受限空间进行全面检查，清点人数和工具，确认无误后，封闭人孔，并在《进入受限空间作业许可证》上签署意见。

（2）完工验收后，《进入受限空间作业许可证》由主管部门统一保存。

第四节　应急处置

（1）在危害辨识、风险评价的基础上，制定有针对性应急救援预案或处置程序，其内容包括作业人员紧急状况时的逃生路线、救护方案、救援设施，监护人与作业人员约定联络信号；用于救援的设备应放置在出入口或位于其附近。

（2）现场作业人员、监护人员等都要熟悉应急预案内容和救护设施使用方法。

（3）发生事故时，监护人员及现场其他作业人员应立即报警，必须在具备救援能力的情况下才能进入受限空间实施救援，严禁盲目施救导致事故扩大。

（4）发生人员中毒、窒息等险情时，在进入救援或等待救援人员到来前，应向受限空间强制通风，如不能做到强制通风，应尽可能打开一切可能的通风孔，进行自然通风；救援人员应佩戴隔离式呼吸防护面具进入受限空间，必要时应拴带救生绳，严禁无防护救援，并至少有 1 人在受限空间外部负责联络工作。在进入受限空间进行救援之前，应明确监护人与救援人员的联络方法并确保有效。

（5）中毒、窒息急救要贯彻“迅速、就地、正确、坚持”的急救方针，应迅速使受害人脱离现场至空气新鲜处，保持呼吸道通畅；对心肺骤停者，应立即就地进行心肺复苏，进行人工呼吸前，应注意清除窒息者口腔中的异物；并及时就医。

第五节　典型案例

一、某井下作业公司承包商液罐中毒窒息事故

1. 事故经过

2019 年 8 月 18 日 7 时 14 分左右，某井下作业分公司承包商施工队长李某带领 4 名员工到某井进行液罐清理、倒运作业。作业人员用排风扇置换液罐内气体约 10min 后，李某用绳索将可燃气体检测仪、硫化氢气体检测仪吊

入罐内检测，检测仪未报警。

7时30分，作业人员将螺杆泵从液罐顶部人孔(0.78m×0.78m)下放至罐底，把罐内液体抽至罐车，抽排罐内废液7~8min后，罐内液面高度下降约30cm、剩余约20cm时停泵。为把罐内液体抽尽，作业人员钟某某、伍某某、阳某某下到罐内将螺杆泵移至深水处，螺杆泵移到位后，伍某某、阳某某上到罐面，钟某某继续留在罐内，用泵出水管线冲散罐底淤泥以便抽吸。冲刷约2min后，钟某某感到头晕、流泪，立即呼喊队长李某停泵；停泵后，李某发现钟某某晕倒在罐内，立即和阳某某、伍某某进罐施救，将钟某某推出罐外；此时，罐内3人出现中毒症状，李某和阳某某相继倒在罐内，经罐外人员合力施救，伍某某获救，李某、阳某某两人经抢救无效死亡。

2. 原因分析

(1) 直接原因

罐内作业人员冲洗液罐底淤泥，致使淤泥、污水中溶解的硫化氢气体逸出、积聚，且罐内氧气含量不足，导致未采取安全防护措施的2名进罐救援人员中毒窒息死亡。

(2) 间接原因

① 作业风险辨识能力不足，应对措施不当。作业前，承包商作业人员未识别出搅拌罐内淤泥可能散逸出有毒有害气体的风险。作业过程中，作业人员未采取连续通风、连续检测等安全措施。

② 直接作业环节管理存在漏洞。承包商人员进入液罐内作业未组织开展JSA分析，未办理进入受限空间作业许可证。

③ 应急准备不足，应急处置出现严重失误。承包商现场未配备空气呼吸器、生命绳等应急救援装备。发生事故后，救援人员在未对罐内进行通风置换的情况下盲目进罐施救，造成事故后果扩大。

④ 井下作业分公司对承包商监管不到位，未跟踪监督管理清罐作业情况。

二、某社区承包商污水沉淀池中毒溺水事故

1. 事故经过

2013年7月25日14时30分，承包商4名施工人员来到某社区2号污水泵站沉淀池进行清淤作业，14时58分，社区安全管理人员王某某到现场检查安全防护情况，因现场安全措施未到位，王某某在禁止施工队伍作业后离

开。15时40分，施工队伍在未做整改的情况下擅自开始施工，一名施工人员佩戴防尘口罩，在未系安全绳的情况下，携带铁锹下池作业，中毒坠入沉淀池底；其他施工人员在未采取安全防护措施的情况下盲目下池施救，发生中毒、溺水死亡事故，事故造成4人死亡。

2. 原因分析

（1）施工人员违章作业，未佩戴规定的防护器材，在仅佩戴防尘口罩、未系安全绳的情况下，擅自进入污水泵站沉淀池底作业，吸入了硫化氢等有害气体，造成急性中毒，坠入池中溺水，导致死亡。

（2）现场其他3名施工人员缺乏应急救援知识，在未采取安全防护措施的情况下，相继下到沉淀池底部盲目施救，造成急性中毒、溺水死亡，导致事故进一步扩大。

三、在建原油储罐特大爆炸事故

1. 事故经过

2006年10月，安徽省某防腐工程公司承接某在建的$10\times10^4m^3$原油储罐内浮顶隔舱刷漆防腐作业，该罐全高21.8m，全钢材质结构，储罐的浮顶为圆盘状，内径80m，高约0.9m，从圆盘中心向外被径向分隔成1个圆盘舱（半径为9.6m）和5个间距相等、完全独立的环状舱，每个环状舱又被隔板分隔成个数不等的相对独立的隔舱，每个隔舱均开设人孔。事故发生前，储罐在进行水压测试，储罐内水位高度约13m。2006年10月28日，承包商共有27名施工人员在原油储罐浮顶隔舱内进行刷漆作业，防腐所使用的防锈漆为环氧云铁中间漆，稀料主要成分为苯、甲苯。当日19时16分，在作业接近结束时，隔舱突然发生爆炸，造成13人死亡、6人轻伤，损毁储罐浮顶面积达$850m^2$。

2. 原因分析

（1）直接原因

在施工过程中，承包商违规私自更换防锈漆稀料，用含苯及甲苯等挥发性更大的有机溶剂替代原施工方案确定的主要成分为二甲苯、丁醇和乙二醇乙醚醋酸酯，在没有采取任何强制通风措施的情况下组织施工，使储罐隔舱内防锈漆和稀料中的有机溶剂挥发、积累达到爆炸极限；施工现场电气线路不符合安全规范要求，使用的行灯和手持照明灯具都没有防爆功能。判定是电气火花引爆了达到爆炸极限可燃气体，导致这起特大爆炸事故的发生。

（2）间接原因

① 承包商安全管理存在严重问题。安全管理制度不健全，没有制定进入受限空间作业施工方案，没有按规定配备监护人，没有对施工人员进行安全培训；作业现场管理混乱，在可能形成爆炸性气体的作业场所火种管理不严，使用非防爆照明灯具等电气设备，施工现场还发现有手机、香烟和打火机等物品；且施工组织极不合理，多人同时在一个狭小空间内作业。

② 工程监理单位监理责任落实不到位。该公司内部管理混乱，监理人员数量、素质与承揽项目不相适应，监理水平低；对施工作业现场缺乏有效的监督和检查措施，安全监理不规范，不能及时纠正施工现场长期存在的违章现象。

第四章

高处作业安全管理

高处作业是最普遍的一类特殊作业，几乎所有进入生产装置进行作业的岗位员工和外来施工人员都会参与高处作业，同时只要满足坠落高度和可能性两个基本条件，便可形成高处作业，高处作业具有普遍性。所以，加强高处作业的安全管理，实施好作业许可制度，开展好JSA分析，有效地识别和控制高处作业的风险，以保证高风险作业的安全进行，是一项很重要的工作。

第一节　定义及适用范围

一、定义

高处作业：是指在距离坠落高度基准面 2m 以上（含 2m）有坠落可能的位置进行的作业，包括上下攀缘等空中移动过程。

坠落高度基准面：通过可能坠落范围内最低处的水平面。

可能坠落范围：以作业位置为中心，可能坠落范围半径为半径划成的与水平面垂直的柱形空间。

基础高度 h_b：以作业位置为中心，6m 为半径，划出的垂直于水平面的柱形空间内的最低处与作业位置间的高度差。其与可能坠落范围半径关系见表 4-1。

表 4-1　可能坠落范围半径（R）与基础高度（h_b）的关系

基础高度 h_b/m	2~5	5~15	15~30	>30
可能坠落范围半径 R/m	3	4	5	6

作业高度 h_W：作业区各作业位置至相应坠落高度的垂直距离中的最大值。

生命线：一根垂直或水平的绳，固定在一个锚固点上或两个锚固点之间，可以在其上面挂系索或安全带。

个人坠落保护系统：用于阻止从工作高度坠落的一种系统，包括有锚固点、连接器、全身安全带，还包括带有自锁的系索、减速装置、生命线或它们的组合。

高处作业分为 4 个等级：Ⅰ级（$2m \leqslant h_W \leqslant 5m$）、Ⅱ级（$5m < h_W \leqslant 15m$）、Ⅲ级（$15m < h_W \leqslant 30m$）、Ⅳ级（$h_W > 30m$）。

高处作业类别：分为一般高处作业、特殊高处作业（强风、异温、雪天、雨天、人工照明、接近带电体等）。

二、适用范围

为了便于操作过程中做好防范工作，有效地防止人与物从高处坠落的事故，根据特点，对建筑物和构筑物结构范围以内的各种形式的洞口与临边性质的作业、悬空与攀登作业、操作平台与立体交叉作业，以及在结构主体以外的场地上和通道旁的各类洞、坑、沟、槽等工程的施工作业，只要符合上述条件的，均作为高处作业对待，并加以防护。常见的高处作业有以下几种：

1. 临边作业(图 4-1)

施工现场中，工作面边沿无维护设施或维护设施高度低于 80cm 时的高处作业。例如基坑周边，无防护的阳台、料台与挑平台等；无防护楼层、楼面周边；无防护的楼梯口和梯段口；井架、施工电梯和脚手架等的通道两侧面；各种垂直运输卸料平台的周边等。

图 4-1 临边作业

2. 洞口作业(图 4-2)

孔、洞口旁边的高处作业，包括施工现场及通道旁深度在 2m 及 2m 以上的桩孔、沟槽与管道孔洞等边缘作业。例如建筑物的楼梯口、电梯及设备安装预留洞口等(在未安装正式栏杆、门窗等围护结构时)还有一些施工需要预留的上料口、通道口、施工扣等。

图 4-2 洞口作业

3. 攀登作业(图 4-3)

借助建筑物结构或脚手架上的登高设施或采用梯子或其他登高设施在攀登条件下进行的高处作业。例如在建筑物周围搭拆脚手架、张挂安全网，装拆塔机、龙门架、井字架，施工电梯、桩架，登高安装钢结构构件等都属于这种作业。

图 4-3　攀登作业

4. 悬空作业(图 4-4)

在周边临空状态下进行的高处作业，其特点是在操作者无立足点或无牢固立足点下进行高处作业。例如建筑施工中的构件吊装，利用吊篮进行装修，悬梁或悬空梁板、雨棚等特殊部位支拆模板、扎筋、烧砼等项作业都属于悬空作业。

图 4-4　悬空作业

5. 交叉作业(图 4-5)

在施工现场的上下不同层次，于空间贯通状态下同时进行的高处作业。例如现场施工上部搭设脚手架、吊运物料、地面人员搬运材料、制作钢筋，或外墙装修下面打底抹灰，上面进行面层装饰等等，都是施工现场的交叉作业。

6. 常见的脚手架类型

落地式脚手架、悬挑式脚手架、门式脚手架、附着式脚手架、水平悬挑防护棚、高处作业操作平台、井道承重平台、物料周转平台等。

图 4-5 交叉作业

第二节 危险有害因素及控制措施

一、事故类型及危险有害因素

1. 高处坠落

高处坠落是由于高处作业引起的，占到高处作业事故的60%，故可以根据高处作业的分类形式对高处坠落事故进行分类和识别。高处作业中造成高处坠落的原因有以下几点：

(1) 因睡眠、休息不足而精神不振，思想不集中，用力过猛或猛拉猛甩不受力物件等身体失稳造成高处坠落。

(2) 高空作业不系安全带，个体防护装备使用不当造成高坠落。

(3) 不戴工具袋手抓物件、高处抛物等失足导致高处坠落。

(4) 触电，物质变形、移位、断裂、打击等使操作人员身体失稳而导致高处坠落。

(5) 在安装构件等作业中，配合失误而导致作业人员高处坠落。

(6) 现场孔洞及高处边缘缺乏栏杆或盖板、安全防护栅搭设不合要求造成高处坠落。

(7) 在脚手架、爬梯上下攀爬，要借助一手攀，一只脚勾或用腰绳来保持平衡，身体重心垂线不通过脚下，作业难度大，危险性大，若有不慎就可能坠落。

(8) 在管道、小梁行走时脚步不稳(如打滑、踩空、障碍物所绊)身体失控而造成坠落。

(9) 警示标识缺陷造成的坠落伤害。

(10) 高温天气、雨雪、冰雹等恶劣天气造成的坠落伤害。

2. 物体打击

物体打击是指失控的物体在惯性力或重力等其他外力的作用下产生运动，打击人体而造成人身伤亡事故，在高处作业中造成物体打击的主要原因有：

(1) 高处作业使用工具存放不规范或使用不慎掉落。

(2) 上下传递物件时，不慎掉落。

(3) 使用平台护栏或防护栅搭建不合格或被违章破坏。

(4) 交叉作业时，互相影响，警戒设置不到位。

(5) 高处作业切割时防护不到位。

3. 坍塌

在高处作业中，脚手架的坍塌是主要的事故，无论是房建还是桥梁施工过程中，脚手架的坍塌时有发生，一般情况下，造成脚手架坍塌事故发生的主要原因有：

(1) 材料质量不达标

目前市场上劣质、超期使用的脚手架达到80%以上，不合格的扣件达到90%以上，这些建筑材料用于实施施工中则会带来严重的安全隐患，从而导致脚手架事故频发。

(2) 搭设不符合规范要求

在进行脚手架搭设及拆除时，部分作业人员未按规定佩戴安全帽和安全带，或图省事不按照施工规范进行操作；同时还可能因未按照施工组织设计和施工方案进行作业，或未按要求进行脚手架受力验算，导致施工质量差，造成脚手架坍塌。

(3) 施工安全监管不到位

一方面是由于施工监督人员未按照要求定期检查施工进度及质量或检查不到位，且未及时进行安全交底，埋下安全隐患；另一方面是由于管理人员未能进行严格的监管或未及时对施工人员进行安全教育，从而造成施工现场安全管理出现漏洞，最终导致脚手架事故发生。

4. 其他伤害

高处作业的风险往往不是单一的，而是与其他作业相复合的，当与其他作业相复合后，风险往往出现叠加，甚至出现相乘的效应。例如当高处作业与低风险的一般作业复合时，两者的风险叠加，比较常见的复合有高处作业与保温作业，两者风险相加，有高处坠落、坠物、粉尘和烫伤等风险；当高处作业与高风险作业复合时，两者的风险相乘，风险明显增大，常见的有高处作业与用火作业相复合的高处用火作业，不但有高处坠落、坠物、烫伤、着火和爆炸风险，也会带来如逃生通道受限、躲闪困难、事故救援及应急处理困难等问题，直接放大了事故可能性和后果的严重性。

二、控制措施

在高处作业中，为了减少高处坠落、物体打击、脚手架坍塌等事故类型的发生，减少各种人员伤害和财产损失，应从以下几个方面做好控制措施：

1. 管理措施

（1）作业经过危害分析，由于作业环境的危害因素导致风险度增加时，高处作业应进行升级管理。

（2）应制定应急预案，其内容包括作业人员紧急状况下的逃生路线和救护方法，现场应配备的救生设施和灭火器材等。现场人员应熟知应急预案的内容。

（3）应根据实际需要配备符合 GB 26557—2011《吊笼有垂直导向的人货两用施工升降机》标准要求的梯子、挡脚板、跳板等，脚手架的搭设必须符合国家有关规程和标准，并经过验收、挂合格标识牌后方可使用。

（4）许可证审批人和监护人应持证上岗，安全监督部门负责组织业务培训，颁发资格证书。

（5）按照《特种作业人员安全技术培训考核管理规定》（安监总局第 30 号令）要求，专门或经常从事高处作业人员应取得相应的资格证书；许可证审批人和监护人应持证上岗。

（6）悬空、攀登高处作业时以及搭设高处作业设施的人员必须按照国家有关规定，经过专门的安全作业培训，并取得特种作业资格证书后方可，上岗作业。

（7）Ⅱ级以上高处作业时，必须办理作业许可证。凡经高处作业特殊培训的岗位人员（如油田企业井架工、供电线路外线工等）在进行正常岗位作业时，以及在正式巡检路线进行正常高处检查的人员不需要办理高处作业许可证。

（8）高处作业中，涉及用火、临时用电、进入受限空间等作业时，应办理相应的作业许可证。

（9）许可证的有效期为作业项目一个周期，最长有效期不得超过 3 天；当作业中断，再次作业前，应重新对环境条件和安全措施予以确认；当作业内容和环境条件变更时，需要重新办理许可证。

（10）高处作业时必须设监护人，Ⅲ级（15m 及以上）高处作业应配备通信联络工具，Ⅳ级高处作业必须明确管理人员带班并由专业人员实施现场监护。

（11）当作业内容、环境条件发生变化或作业期间发生异常情况，应立即停止作业，经重新确认并达到安全作业条件后，必须重新办理作业许可证。

（12）作业期间应全程视频监控，监控信号必须传输至监控中心，实施实时监控，对违章行为做到时时纠正。

2. 技术措施

（1）进行高处作业前，应针对作业内容进行 JSA 分析，根据分析结果，确定相应的作业程序及安全措施。

（2）施工前应逐级进行安全技术教育及交底，落实所有安全技术措施和个体防护装备，未经落实不得进入施工。

（3）高处作业中的安全标志、工具、仪表、电气设备和各种设备，必须在施工前加以检查，确认其完好，方能投入使用。

（4）因作业需要，临时拆除或变动安全防护设施时，应经作业审批人员同意，并采取相应的防护措施，作业后应立即恢复，重新组织脚手架等验收。

（5）高处作业人员要按照设置的通道和扶梯上下进入作业面，不得随便乱走乱攀；如在通道施工时，要临时封锁通道或加防护挡板或防护网，并设警告提示绕行。

（6）应根据要求将各类安全警示标志悬挂于施工现场各相应部位，夜间应设红灯警示。施工前应检查高处作业的个体防护装备、安全标志、作业工具、电气设备、应急设施，确认其完好后，方可进行施工。

（7）高处作业场所有坠落可能的物体，应一律先撤除或予以固定。所有物件应堆放平稳，不得妨碍通行和装卸。工具应随手放入工具袋，拆卸下的物件及余料和废料均应及时清理运走，清理时应采取传递或系绳提留方式，禁止抛投。

（8）除脚手架搭设的高处作业外，必须有完成作业任务的平台或其他保证安全的作业条件。

（9）施工中对高处作业的安全技术设施发现有缺陷和隐患时，必须立即报告，及时解决。危及人身安全时，应立即停止作业。

（10）临边、孔洞作业防护要求：小于 500mm 的孔洞可靠封堵或封盖；大于 500mm 的孔洞可靠封盖、设防护栏、设醒目标志；大于 1500mm 的孔洞挂安全网、设防护栏、设醒目标志。

（11）脚手架搭设以外的作业平台搭设防护栏：上栏杆离作业层高度 1.2m；中栏杆离作业层高度 0.6m；挡脚板高度不低于 180mm。

（12）应推进标准化作业，尽可能降低和减少高处作业的频次和时间。

3. 脚手架坍塌防护措施

（1）建立有效的施工安全管理体制及质量监督机构，对施工现场进行全面严格的安全监管，规避因安全意识模糊或安全监管不到位导致的坍塌事故。

（2）加强安全教育，培养安全意识，提高施工人员安全素质，同时脚手架等特殊施工人员应持岗上证，定期接受安全培训。

（3）采购质量良好、符合国家质量标准的钢管及扣件，并在材料进入施工场地前及时进行必要的安全质量检测。

（4）严格按照 JGJ 130—2011《建筑施工扣件式钢管脚手架安全技术规范》等进行施工操作，同时施工时应注意以下操作要点：

① 结构承重用里、外脚手架使用荷载不应超过 2.7kN，装修用里、外脚手架使用荷载不应超过 2.0kN。

② 架高每 4m 用钢管与建筑物进行刚性连接，横向间距不大于 6m，且搭接长度不小于 0.5m，转角扣件不少于 2 个，并在建设两端、转交处及中间设置剪刀撑，与地面夹角呈 45°~60°，剪刀撑间距不大于 15m。

③ 结构、装修用脚手架应采用外径 48~51mm，壁厚 3~3.5mm，且无严重锈蚀、弯曲、压扁或裂纹的钢管。

④ 架子搭设时，应设置底座，加设横向、竖向扫地杆，距地面 20cm，同时立杆间距不应大于 1.5m，且纵向水平杆（大横杆）间距不大于 1.2m，横向水平杆间距（小横杆）间距不大于 1m。

⑤ 宜采用双排脚手架进行搭设，且双排架里口与结构外墙间无法防护时可铺脚手板，应距墙面不超过 20cm，不能有空隙和探头板、飞跳板，同时应在操作面外侧设置 1 道护身栏杆和 1 道 18cm 高挡脚板。

⑥ 脚手架基础应平整坚实，且具有排水措施，确保不沉陷、不积水，同时架体必须支搭在底座（托）或通长脚手板上，以满足架体支搭要求。

4. 常见几种高处作业防护措施

（1）临边作业

凡是临边作业，都要在临边处设置防护栏，一般上杆离地面高度一般为 1.0~1.2m，下边离地面高度为 0.5~0.6m；防护栏杆必须自上而下用安全网封闭，或在栏杆下边设置严密固定的高度不低于 18cm 的挡脚板或 40cm 的挡脚笆。

（2）洞口作业

对于洞口作业，可根据具体情况采取设防护栏杆、加盖板、张挂安全网与装栅门等措施(常说的“有孔必有盖”，也就是日常过程中开的孔洞为何要及时隔离或恢复的原因)。

(3) 攀登作业

进行攀登作业时，作业人员要从规定的通道上下，不能在阳台之间等非规定通道进行攀登，也不得进行任意利用吊车车臂架等施工设备进行攀登。

(4) 悬空作业

进行悬空作业时，要设有牢靠的作业立足处，并视具体情况设防护栏，搭设脚手架、操作平台，使用马凳，张挂安全网或其他安全措施；作业所用索具、脚手板、吊篮、吊笼、平台等设备，均需经技术鉴定方能使用。

(5) 交叉作业

进行交叉作业时，注意不得在上下同一垂直方向上操作，下层作业的位置必须处于上层高度确定的可能坠落范围之外。不符合以上条件时，必须设置安全防护层(隔离措施)。

5. 其他措施

结构施工至二层起，凡人员进出的通道口(包括井架、施工电梯的进出口)，均应搭设安全防护棚。高度超过 24m 时，防护棚应设双层。

建筑施工进行高处作业之前，应进行安全防护设施的检查和验收，验收合格后，方可进行高处作业。

第三节 安全管理基本要求

一、管理职责

1. 作业人员职责

作业前充分了解作业内容、地点(位号)、时间和要求，熟知作业中的危害因素和许可证中的安全措施，参加 JSA 分析；参加并接收安全技术交底；安全措施不落实或监护人不在场时，有权拒绝作业，并向上级报告；按标准进行高处作业施工，有权拒绝违章指挥及在作业中如发现异常或感到不适等情况，应及时发出信号，并迅速撤离现场。

2. 监护人职责

必须熟悉作业区域或岗位的生产过程、工艺操作和设备状况，参加 JSA 分析；参加安全确认，并逐项确认安全措施，在许可证相应栏目中签署意见；

参加并接受安全技术交底；了解周边环境和风险，有判断和处理异常情况的能力，掌握应急处置程序；应佩戴明显标志，监督现场全程施工(当发现高处作业内容与许可证不相符合，或者相关安全措施不落实时，有权制止作业，作业过程中出现异常时，应及时采取措施，有权终止作业；不得随意离开现场，确需离开时，收回作业许可证，暂停作业)。

3. 施工单位负责人职责

参加 JSA 分析；参加安全确认，在许可证相应栏目中签署意见；参加并接受安全技术交底；组织作业人员按照标准，安全施工。

4. 基层单位现场负责人职责

提出并填写《高处作业许可证》申请；牵头组织现场进行 JSA 分析；负责组织相关人员对作业程序和安全措施进行现场逐条确认，并确认签字，对许可作业现场管理负责；牵头组织现场进行危害告知和安全技术交底；负责现场施工的监督、协调；完工后，负责作业现场的验收、核实和恢复。

5. 基层单位领导职责

对许可证逐条确认以后，签发作业许可证。

二、工作程序

1. 前期准备

基层单位现场负责人提出并填写《高处作业许可证》申请，组织施工单位负责人、监护人、作业人员，针对作业内容、作业对象、作业环境等开展 JSA 分析，制定相应的作业程序、安全措施和应急处置程序，共同编制作业施工方案。

2. 许可证审批

基层单位负责人组织施工单位负责人、监护人参加安全确认，逐项确认安全措施，并在许可证相应栏目中签字。基层单位领导确认后签发《高处作业许可证》。

3. 技术交底

基层单位现场负责人组织施工单位负责人、作业人员、监护人进行现场危害告知和安全技术交底，施工单位负责人向作业人员确认技术交底内容。

4. 施工作业

施工单位负责人组织安全施工，作业人员按标准进行高处作业施工，有权拒绝违章指挥及在作业中如发现异常或感到不适等情况，应及时发出信号，并迅速撤离现场；监护人员应佩戴明显标志，监督现场全程施工(当发现高处作业内容与许可证不相符合，或者相关安全措施不落实时，有权制止作业，作业过程中出现异常时，应及时采取措施，有权终止作业；不得随意离开现场，确需离开时，收回作业许可证，暂停作业）。

5. 完工验收

作业结束后，由基层单位现场负责人牵头组织施工单位项目负责人、监护人进行完工验收、核实，在许可证上签字确认。

三、环境要求

（1）在气温高于35℃（含35℃）或低于5℃（含5℃）条件下进行高处作业时，应采取防暑、防寒措施；当气温高于40℃时，必须停止高处作业。

（2）在邻近地区设有排放有毒、有害气体及粉尘超出允许浓度的烟囱及设备的场合，严禁进行高处作业。如在允许浓度范围内，也应采取有效的防护措施，预先与作业所在地有关人员取得联系，确定联络方式，并为作业人员配备必要的且符合相关国家标准的防护器具(如空气呼吸器、防毒面具或口罩等)。

（3）雨、雪天作业时应采取防滑、防寒措施；遇有不适宜高处作业的恶劣气象条件(如五级以上强风、雷电、暴雨、大雾等)时，严禁露天高处作业；暴风雪、台风、暴雨后，应对作业安全设施进行检查，发现问题立即处理。

（4）作业场所光线不足时，应对作业环境设置照明设备，确保作业需要的能见度。

（5）在起重或拆除作业的高处作业，做好作业区域范围的警戒，并保证警戒的有效性。

四、设备设施要求

1. 安全防护用品要求

高处作业主要的安全防护用品主要有安全带、救生索、安全绳、安全梯、安全围栏、差速保护器等，但应用最广的就是安全带和救生索。下面针对安全带和救生索，从使用前的检查、安装、使用要求进行介绍。

(1)安全带(图4-6)

安全带可以保证在人员高处移动时，安全带一直处于有效状态，同时在事故状态下，保证人员免受二次伤害。

安全带在使用前检查：是否有缺口或者撕裂；是否有磨损，特别是与硬件接触的部位；是否过拉伸，脱落的线头和断裂的织带不可以容忍；是否因与热、腐蚀物或溶剂接触而发生损伤；是否安全带带扣、D 形环和其他金属部件有表示金属疲劳开始的裂纹；是否用腐烂、发霉或紫外线辐射暴露而变质；是否有可能切割织带的锐边或粗糙边、锈蚀或其他腐蚀、变形磨损迹象。

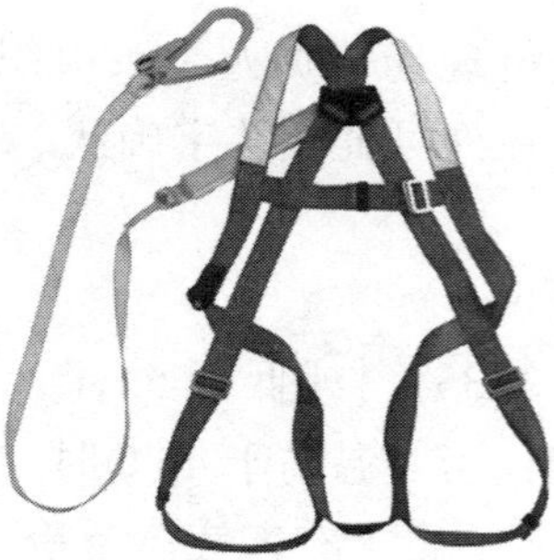

图 4-6　安全带

安全带的正确使用方法：要束紧腰带，腰扣组件必须系紧系正；利用安全带进行悬挂作业时，不能将挂钩直接勾在安全绳上，应勾在安全带绳的挂环上；禁止将安全带挂在不牢固或带有尖锐的构件上；使用同一型号安全带，各部件不能擅自更换；受到严重冲击的安全带，即使外形未变也不可使用；严禁使用安全带来传递重物；安全带要挂在上方牢固可靠处，高度不能低于腰部。

在下列状况工作时，应系好安全带：有可能进行高空作业的工作，在进入工作场所时，身上必须配有安全带；高度超过 2m 的高空作业时；倾斜的屋顶作业时；平顶屋在里屋顶边缘或屋顶开口 1. 2m 内没有防护栏时；任何悬吊的平台或工作台；任何护栏，铺设不完整的脚手架上；接近屋面或地面开孔附近的梯子上；高处作业无可靠防坠落措施时。

（2）救生索(图 4-7)

救生索的安装：救生索经过培训的人员或在其监督下进行安装和使用；救生索必须是直径至少 1. 27cm 的钢缆或承载拉力相当的其他绳索，连接点必须采取双卡扣；垂直救生索只供一人使用，并应当能够承受至少 2268kg 的拉力。

施工中救生索使用最多的为弹性救生索，下面重点讲解弹性救生索使用要求：

每条弹性救生索(图 4-8)每次仅限于一个人使用。弹性救生索必须直接和全身式安全带的背部 D 形环相连，不允许和缓冲装置串联使用；当在诸如屋顶、脚手架、塔、罐、设备和检修人孔等位置操作时，应该考虑使用弹性救生索；在使用弹性救生索时，监管人员和使用者必须确认，使用者经过训练，能够正确使用弹性救生索，弹性救生索与正确配置的坠落防护装置联合使用。

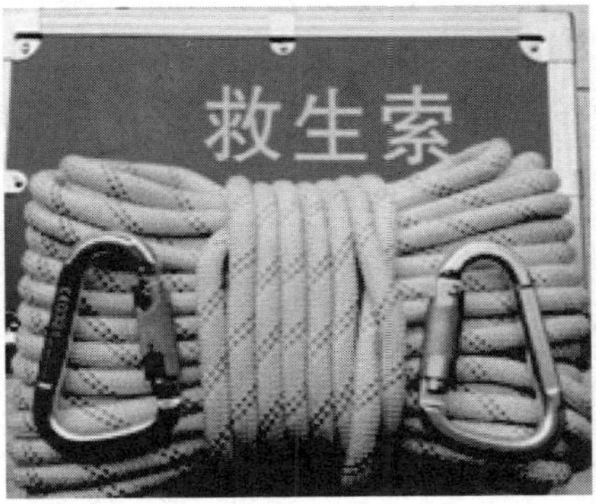

图 4-7　救生素

图 4-8　弹性救生索

图 4-9　梯子

2. 常用工具要求

高处作业除了防护用品以外，常用工具设备的本质安全也很重要，下面针对常用的梯子、脚手架、安全网、吊篮使用要求做介绍。

（1）梯子(图 4-9)

梯子使用应满足如下使用要求：

使用前应仔细检查，结构必须牢固；踏步间距不得大于 400mm；在平滑面上使用的梯子，应采取端部套绑防滑胶皮等防滑措施；在容易滑偏的构建上靠梯时，梯子上端应用绳绑在上方固定构件上；禁止在吊架上架设梯子；在悬空的板上架梯子时应采取相应的保护措施；禁止两人以上在同一梯架上工作；禁止带人移动梯子；电工作业必须使用绝缘梯；人字梯有坚固的铰链和限制跨度的拉链；禁止踏在梯子顶端工作，用人字梯时不得少 2 步；禁止踏在梯子顶端工作，用直梯时人脚距梯子顶端不得少于 4 步；直梯的高度如超过 6m，应在中间设支撑加固；直梯应放置稳定，与地面夹角为 60°~70°为宜。

（2）脚手架

① 按是否可移动：分为移动和固定两种。

② 按材料：分为木质、钢质和软梯。

③ 按塔接形式和使用用途，分为：

- 模板支架，用于支撑模板，采用脚手架材料搭设的架子。

• 单排脚手架，简称单排架，即只有一排立杆，横向水平杆的一端搁置在墙体上的一种脚手架。

• 双排脚手架，简称双排架，即由内外两排立杆和水平杆等构成的脚手架。

• 装修脚手架，用于装修工程施工作业。

• 结构脚手架，用于砌筑和结构工程施工作业。

• 悬挑脚手架，应用于设备安装或检修悬挑作业。

④ 按施工性质：分为建筑脚手架和安装脚手架。

⑤ 按遮挡大小，分为：

敞开式，仅设有作业层栏杆和挡脚板，没有其他遮挡设施的脚手架。

全封闭，沿脚手架外侧全长和全高封闭的脚手架。

半封闭，遮挡面积占 30%~70%的脚手架。

局部封闭，遮挡面积小于 30%。

⑥ 其他：

软梯：横干用短木棍或钢管，绳子绑在横杆上，使用时在顶部做固定，催化大烟道、反应器、再生器、斜管等检修时经常使用。

移动式挂梯、挂篮：可以移动的固定梯子或挂篮，一般在顶部设挂钩或设滑道，挂在牢固的部位。

常用脚手架有扣件式钢管脚手架(图 4-10)、门型钢管脚手架(图 4-11)、腕扣式钢管架(图 4-12)，还有附着升降脚手架、悬挂式脚手架、吊篮式脚手架、挂式脚手架等。

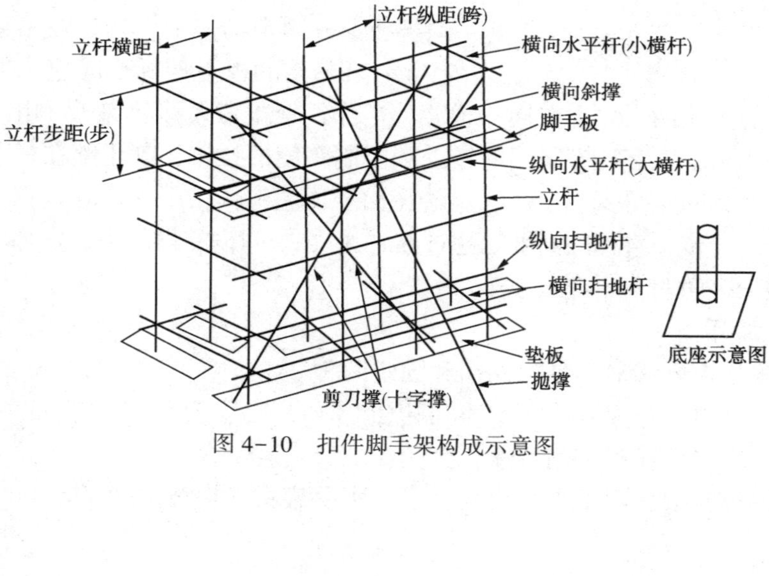

图 4-10　扣件脚手架构成示意图

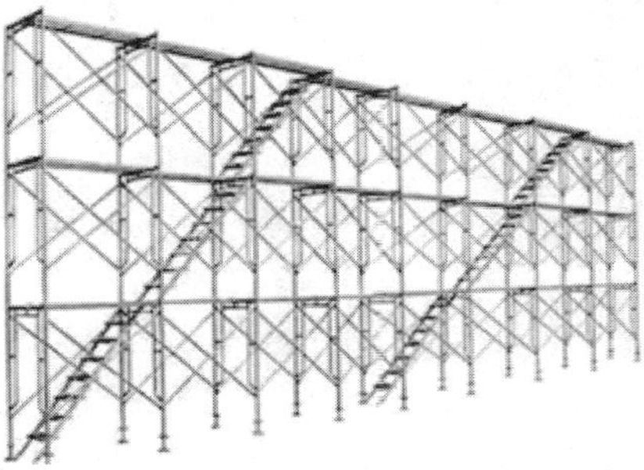

图 4-11　门型钢管脚手架

图 4-12　腕扣式钢管架

脚手架的搭设应满足以下基本要求：脚手架的搭设必须符合国家行业有关规程和标准的要求；搭架人员必须经特殊工种培训并考核合格，做到持证上岗；高处作业应使用符合有关标准规范的吊架、梯子、脚手板、防护围栏和挡脚板等；作业前，作业人员应仔细检查作业平台是否坚固、牢靠，安全措施是否落实；要有足够的牢固性和稳定性，保证施工期间在所有规定的载荷和气候条件下，不产生变形、倾斜和摇晃；要有足够的使用面积、满足堆料、运输、操作和行走的要求；构造要简单，搭设、拆除和搬运要方便等。

（3）安全网(图 4-13)

安全网是防止坠落的最后措施，如果使用，必须做好以下几点要求：

安装在行走或工作面之下尽可能近的地方；安全网不允许超过工作面以下 9m 的距离(桥梁建筑除外)；安全网应该能够承受或垂落测试中相等的冲击力，垂落测试按如下方式进行：

① 从最高工作面上丢下一包 180kg、直径(76±5)cm 的沙袋；

② 垂落距离不能低于安全网上的 1.1m。

在以下情况时必须进行垂落测试：初次安装使用前；任何的位移之后；重大维修之后；固定在一个地方时，每 6 个月进行一次。

图 4-13　安全网

安全网必须每周至少检查一次磨损、损坏或其他老化情况；调入安全网的材料、小部件、设备和工具应在每次换班之前予以清除；使用安全网之前，监管人员和使用者必须确认以下事项：

① 安装或拆除安全网时是否高处作业；

② 安全网尽可能接近工作面；

③ 保证安全网下有足够的净空；

④ 安全网应该有足够保护工作面面积；

⑤ 安全网支撑桩柱的设计是否能防止坠落人员落在上面；

⑥ 向制造商和供应商咨询关于安全网的正确选择及其安装测试的安全生产技术。

(4) 吊篮(图 4-14)

吊篮使用必须要有专项施工方案，且吊篮支架支撑处的结构应进行承载力验算；专项施工方案必须要经过审核、审批；吊篮必须安装灵敏可靠的防坠安全锁；防坠安全锁的使用应在规定的标定期限内；吊篮上应设置专用的安全绳及安全锁扣，安全绳应固定在建筑物的可靠位置；吊篮上应设上限位装置，且限位装置灵敏可靠；建筑物或建筑物支撑处应能承受吊篮的全部重量，吊挂机构前支架不应支撑在建筑物女儿墙上或挑檐边缘。前梁外伸长度符合产品说明书规定；前支架与支撑面垂直，上支架应固定在前支架调节杆与悬挑梁的节点处。

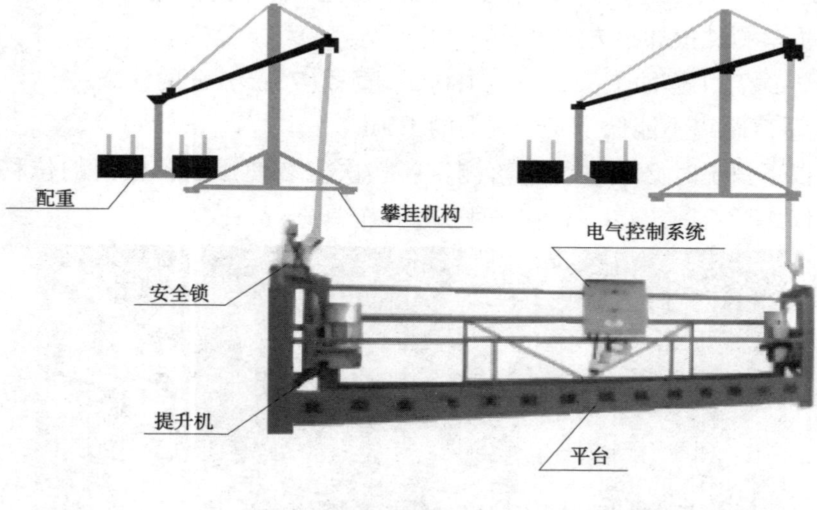

图 4-14　吊篮

使用专用起重量符合设计规定的配重块；工作钢丝绳与安全钢丝绳均不得有断丝、松股、硬弯、锈蚀或油污附着物；安全钢丝绳的规格、型号与工作钢丝绳相同，且应独立悬挂；电焊作业时应采取相应的措施保护钢丝绳。

吊篮平台组装长度必须符合产品说明书和规范要求；吊篮各配件必须为同一厂家生产的产品；操作吊篮升降人员应经过培训合格方可操作；吊篮内的作业人员不应超过两人；且人货总载荷不能超过载荷要求；作业时安全带应用安全锁扣分别挂在独立的安全绳上；作业人员应从地面进行吊篮；吊篮安装完毕后应履行验收程序，验收表经责任人签字确认；验收内容应量化；安装使用前应对作业人员进行交底并留有文字记录，每天做夜班前后要进行检查；吊篮平台四周应设置防护杆、底部应有挡脚板；吊篮作业时应有防摆动措施；钢丝绳应保证垂直，吊篮与建筑物的间距不应过大；吊篮施工载荷应符合方案和设计要求；施工过程中载荷应均匀分布。

五、防护要求

（1）高处作业人员应正确佩戴符合国家标准的安全带，安全带应系挂在施工作业处上方的牢固构件上，不得系挂在有尖锐棱角或有可能转动的部位。安全带系挂点下方应有足够的净空，安全带应高挂低用。在不具备安全带系挂条件时，应增设生命绳、安全网等安全设施，确保高处作业的安全。

（2）劳动保护用品应符合高处作业的要求。对于需要戴安全帽进行的高处作业，作业人员应系好安全帽带。原则上禁止穿硬底或带钉易滑的鞋进行高处作业。

（3）应根据实际需要配备符合 GB 26557—2011《吊笼有垂直导向的人货两用施工升降机》等标准安全要求的梯子、挡脚板、跳板等，脚手架的搭设必须符合国家有关规程和标准，并经过验收、挂合格标识牌后方可使用。高处作业平台四周应设置防护栏、挡脚板；临边及洞口四周应设置防护栏杆、警示标志或采取覆盖措施。高处带压堵漏等特殊情况应设置逃生通道。

（4）高处作业人员不得站在不牢固的结构物上进行作业，不得在高处做与工作无关事项。在彩钢瓦屋顶、瓦棱板等轻型材料上方作业时，必须铺设牢固的脚手板，并加以固定，脚手板上要有防滑措施。

（5）高处作业严禁上下投掷工具、材料和杂物等，所用材料应堆放平稳，并设安全警戒区，安排专人监护。工具在使用时应系有安全绳，不用时应将工具放入工具套(袋)内，高处作业人员上下时手中不得持物。在同一坠落方向上，不得进行上下交叉作业，如需进行交叉作业，中间应设置安全防护层，坠落高度过 24m 的交叉作业，应设双层安全防护。

（6）所有安全防护设施和安全标志等，任何人都不得损坏或擅自移动和拆除。因作业必须临时拆除或变动安全防护设施、安全标志时，必须经有关施工负责人同意并采取相应的可靠措施，作业完毕后立即恢复。

六、操作要求

（1）从事高处作业时必须设专人监护。

（2）凡患有未控制的高血压、恐高症、癫痫、晕厥及眩晕症、器质性心脏病或各种心律失常、四肢骨关节及运动功能障碍疾病，以及其他不适于高处作业疾患的人员，不得从事高处作业。高处作业人员进行作业前需提供有效的体检报告，体检报告附在高处作业许可证后面。

（3）各基层单位与施工单位现场安全负责人应对作业人进行必要的安全教育，其内容包括所从事作业的安全知识、作业中可能遇到意外时的处理和救护方法等。

（4）高处铺设格栅板、花纹板时，要按照安全作业方案和作业程序，必须按组边铺设边固定；铺设完后，要及时组织检查和验收。

（5）因作业需要，临时拆除或变动安全防护设施时，应经作业审批人员同意，并采取相应的防护措施，作业后应立即恢复，重新组织脚手架等验收。

七、完工验收

作业结束后，组织完工验收，做到工、器具回收到位，场地清，确认后在《高处作业许可证》上签署意见。

《高处作业许可证》进行相应的部门留存，定期归档。

第四节　应急处置

一、高处作业应急处置程序内容

高处作业开始前，要在 JSA 分析的基础上，制定完整的、有针对性的现场应急处置程序，内容包括作业人员紧急情况下的逃生路线和现场救护方法等；现场负责人、监护人、作业人员等都要熟悉应急处置程序，提高作业人员现场自救、互救及应急处置能力。

（1）颌面部受伤人员。首先应清除血凝块、口腔分泌物等，保持呼吸道畅通，同时松解伤员的颈、胸部纽扣。

（2）脊椎受伤人员。创伤处用消毒的纱布或清洁布等覆盖伤口，用绷带或布条包扎止血。搬运时将伤者平卧放在帆布担架或硬板上，严禁只抬伤者的两肩与两腿或单肩背运，以免受伤的脊椎移位、断裂造成截瘫，导致死亡。

（3）手足骨折受伤人员。应在骨折部位用夹板把受伤位置临时固定，使断端不再移位或刺伤肌肉、神经或血管。固定方法：以固定骨折处上下关节为原则，可就地取材，用木板、竹片等。

（4）复合受伤人员。要求平仰卧位，保持呼吸道畅通，解开衣领扣。

（5）周围血管受伤人员。压迫伤部以上动脉干至骨骼。直接在伤口上放置厚敷料，绷带加压包扎以不出血和不影响肢体血循环为宜。当上述方法无效时可慎用止血带，原则上尽量缩短使用时间，一般以不超过 1h 为宜，做好标记，注明止血时间。

（6）快速平稳地送医院救治。

二、脚手架坍塌应急处置

脚手架坍塌往往出乎人们的预料，来势猛、反应时间短，逃生困难，易造成人员伤亡，针对脚手架坍塌应急处置措施及要求如下：

（1）施工现场发生脚手架坍塌事件，应立即对受伤人员进行急救、挖掘被掩埋伤员，及时脱离危险区。清除伤员凝血块、呕吐物等，对昏迷伤员将舌拉出以防窒息。进行简易的包扎，止血或者简易固定骨折。

（2）设立危险区域，设专人把守，除抢救人员可以出入外，非救援人员未经允许不得进入特定区域。

（3）迅速确定事故发生准确位置，可能波及的范围、脚手架损坏的程度、人员伤亡情况，根据不同情况进行处置。

（4）按照救人优先的原则，且在保障人身安全的情况下进行施救。

（5）组织人员尽快解除压迫，减少伤者挤压综合征发生，将伤者转移到安全地带，禁止生拉硬拽，防止二次伤害。

（6）迅速核实脚手架上作业人数，如有人员被坍塌的脚手架压在下面，要立即采取可靠的措施加固四周，然后拆除或切割压住伤者的栏杆，将人员救出。如脚手架太重，可用千斤顶、必要时动用吊车将架体缓慢抬高，以便救人；如无人伤亡，立即实施脚手架加固或拆除等措施。

（7）现场条件不能满足时，立即上报，并请求必要的支持和帮助。拨打

120急救电话时，应详细说明地点和人员伤害情况，并派人到路口进行接应。

（8）现场抢救的方法和措施要结合坍塌现场的具体情况，机动灵活、因地制宜地进行。在建筑构件连带着钢筋、模板纵横交错的堆积在废墟之中时，一定要进行科学合理的评估，根据力学原理，判断现场的钢筋、模板受力连带关系，不能盲目牵引和顶撑，以免发生大面积坍塌。

（9）在没有人员受伤的情况下，应根据实际情况队对脚手架进行加固或拆除，在确保人员生命安全的前提下，组织恢复正常施工秩序。

第五节　典型案例

一、某公司加油站高处坠落事故

1. 事故经过

2014年11月22日15时27分，某公司加油站罩棚下6号加油机旁发生一起高处坠落事故，造成2人死亡，1人受伤。

2014年11月22日早7时20左右，承包商宋某等7名保洁人员来到加油站，开始搭脚手架。加油站站长对承包商负责人宋某个人进行安全培训、考试、签订了HSE承诺书，检查了脚手架是否防滑、保洁人员是否佩戴安全带和安全帽情况。8时左右，保洁人员开始保洁作业，地面人员对低处进行清洗，高处清洗时人站在脚手架上作业，清洗完一个部位，地面人员推动平台架体至下一位置。事故发生前，罩棚棚顶大部分已完成清洗。15时27分，停留在罩棚下6号加油机旁的脚手架上的保洁人员又招呼地面人员移动脚手架位置，此时脚手架上从南至北依次站立有保洁人员3名，地面上有3人从南至北站立在脚手架西侧，并开始向东推动脚手架架体，推动中脚手架突然失衡朝东倾倒，脚手架上3名保洁人员随架体从5.97m高处坠落至地面，造成2人死亡、1人肋骨骨折。

2. 原因分析

（1）直接原因

① 保洁人员忽视安全违规移动脚手架，造成脚手架失衡倾倒。

② 作业人员高处作业安全带使用错误，将安全带拴挂在脚手架的护栏上，没有做到“高挂低用”，造成在脚手架发生倾倒时安全带未发挥保护作用。

③脚手架搭设不合理，违反了国家“移动式脚手架高度不应超过5m；装设轮子的移动式脚手架，立柱底端离地面不得超过80mm”的相关规范要求。

经实际测量高度为5.97m，立柱底端离地面高度为180mm，造成脚手架稳定性不好。

(2) 间接原因

① 承包商经营者宋某安全意识淡薄，安全生产主体责任不落实，未对其临时雇佣的保洁人员进行过安全教育培训；同时宋某现场未对施工人员进行安全技术交底未明确指出危害和防范措施。

② 加油站对承包商监管不到位。该公司没有履行监督检查项目安全措施落实的安全管理职责，未对承包商脚手架搭设和使用是否符合安全要求、作业人员安全带的使用是否合理进行严格审查。加油站未对所有保洁人员进行必要的安全教育，对承包商高处作业人员违规使用安全带的行为未进行制止。

二、某公司高处坠落事故

1. 事情经过

2017年8月13日，某公司燃煤锅炉超低排放改造项目施工现场，承包商常某在脱硫塔第三段塔体内进行焊缝打磨作业，19时53分，因照明不足常某从脚手架下到集液器，踩踏的集液器钢板焊口点焊处开裂，钢板脱落，常某从孔洞处坠落至塔底，抢救无效死亡。

2. 原因分析

(1) 直接原因

① 集液器钢板为电焊固定，焊口为点焊不具承重条件，施工人员踩在上面，导致焊点开裂，钢板脱落，人员高处坠落导致死亡。

② 施工工序改变后，没有落实防止踩踏集液器的隔离措施，致使施工人员直接踩踏在集液器上。

(2) 间接原因

① 在脱硫塔塔体内施工，施工前针对高处作业JSA分析不到位，未识别出施工周围环境存在的潜在风险。

② 施工现场管理混乱，未按规定办理高处作业许可证，安全监管失控，施工现场无承包商监护人员在场。

③ 施工管理存在缺陷，现场施工环境不良，照明不足情况下施工。

第五章

动土作业安全管理

油气田企业油、气、水井和站场多，分布面积广，地下管线、电缆（信号线缆）数量多、距离长，同时因生产、生活需要还建有部分地下隐蔽设施；在新、改、扩建及检维修过程中实施动土作业，如危险源辨识不到位、安全防控措施不落实、过程安全监护管理不到位，易造成基坑坍塌以及管线、电缆等地下设备设施损伤所导致的火灾爆炸、触电等事故发生。本章重点对动土作业涉及的危险有害因素、防控措施、作业安全管理基本要求、应急处置等内容进行分析阐述，为动土作业提供安全作业指导，避免和减少动土作业引发的事故发生。

第一节　定义及适用范围

一、定义

动土作业是指在生产运行区域(含生产生活基地)的地下管道、电缆、电信线缆、隐蔽设施等影响范围内以及在交通道路、消防通道上进行的挖土、打桩、钻探、坑探、钻地锚，入土深度在 0.5m 以上的作业；使用推土机、压路机等施工机械进行填土或平整场地等可能对地下隐蔽设施产生影响的作业。

二、适用范围

结合油气田企业生产管理实际情况，常见动土作业见图 5-1，主要包括：

图 5-1　常见动土作业

(1) 在联合站、接转站、计量站、原油库、集气站、配气站、注水站、注聚站等地下管网流程密集的站库内进行的挖土、打桩、钻探、坑探、钻地锚，入土或开挖深度大于 0.5m 的作业。

(2) 距地下管道、电缆、电信线缆、隐蔽设施等两侧(周边)5m 范围内进行的挖土、打桩、钻探、坑探、钻地锚，入土或开挖深度大于 0.5m 的作业。

(3) 在交通道路、消防通道上进行的开挖作业。

(4) 使用推土机、压路机等施工机械进行填土或平整场地等可能对地下隐蔽设施产生影响的作业。

第二节　危险有害因素及控制措施

一、事故类型及危险有害因素

动土作业常见的事故类型主要有坍塌、机械伤害、触电、高处坠落、中毒窒息、火灾爆炸、灼烫、物体打击等。

1. 坍塌

动土作业过程中易发生基坑坍塌，造成作业人员伤亡和周边构筑物坍塌。导致坍塌的主要危险有害因素有：土质疏松或临近构建筑物，未采取必要的加固支护措施；采用挖空底脚和挖洞的方法进行挖掘；使用的材料、挖出的泥土堆放在坑、沟边沿，堆土过高；挖深基坑未按要求放坡；损伤压力管道，高压介质泄漏；使用重型机械在地下隐蔽设施上方作业等。

2. 机械伤害

动土作业过程中导致机械伤害的主要危险有害因素有：施工作业区域未设置警戒线；在挖掘机、破路机等作业机械的回转半径内停留；人员、机械同时进行动土作业。

3. 触电

导致触电发生的主要危险有害因素有：动土作业范围内存在未识别出的地下电力线缆；动土作业器械、工具损伤地下电缆，碰触带电体；使用挖掘机、破路机等长臂机械作业时与输电线路安全间距不足。

4. 高处坠落

导致高处坠落的主要危险有害因素有：在土壁上挖洞攀登；在坑、槽、井、沟上端边沿站立、行走；在道路上(含居民区)及危险区域内施工，未设置围栏、盖板和警示标识，设置的临时通道不牢固；施工结束后未及时回填。

5. 其他

(1) 动土作业范围内存在未识别出输送油、气、采出水等有毒有害、高压、高温介质管道，导致管道损伤，有毒有害、高压、高温介质泄漏，不仅造成环境污染，还存在火灾爆炸、中毒、物体打击、灼烫伤人风险。

(2) 在构成受限空间的坑、槽、井、沟内休息，易发生窒息事故。

(3) 两人以上同时挖土作业，安全间距不足，易发生工具伤人事故。

二、控制措施

(1) 作业前，应充分了解作业区域地质、水文和作业范围，以及周边地下管道、电缆、电信线缆等隐蔽设施的分布、用途、埋深情况。

(2) 动土作业前，应做好地面和地下排水工作，严防地面水渗入作业层面造成塌方。

(3) 动土作业范围内存在未落实的地下管道、电缆等隐蔽物的，应采取人工挖深探沟的方法或使用探测器对地下隐蔽物进行核实，未核实前，禁止动用机械或使用刨镐、钢钎作业。

(4) 动土开挖时，应防止邻近建筑物、道路、管道等下沉和变形，必要时采取防护措施，加强观测，防止位移和沉降；要由上至下逐层挖掘，严禁采用挖空底脚和挖洞的方法进行挖掘；使用的材料、挖出的泥土应堆放在距坑、槽、井、沟边沿至少 0.8m 处，堆土高度不得大于 1.5m；在动土开挖过程中应采取防止滑坡和塌方措施。

(5) 当挖掘到离地下设施 1m 左右时，一般采用手动工具进行人工挖掘，直到部件被识别，避免机械设备损坏地下隐蔽设施。

(6) 在沟(槽、坑)下作业应按规定坡度顺序进行，使用机械挖掘时，配合作业人员不应进入机械旋转半径内，两人以上同时挖土时应相距 2m 以上，防止工具伤人(图 5-2)。

图 5-2　两人以上挖土作业

(7) 在坑、槽、井、沟的边缘安放机械、通行车辆时，应保持适当距离，采取有效的固壁措施，确保安全。

(8) 在道路上(含居民区)及危险区域内施工，施工现场应设置围栏、盖板和警示标识，夜间应设置警示灯。

(9) 根据土壤性质、湿度和挖掘深度设置安全边坡或固定支撑。挖深基坑(坑深≥1.5m)应放边坡，防止滑坡；作业过程中应对坑、槽、井、沟边坡或固定支撑架随时检查，特别是雨雪后和解冻时期，如发现边坡有裂缝、疏松或支撑有折断、走位等异常情况，应立即停止工作，采取可靠措施并检查无问题后方可继续施工。

(10) 在消防主干道上的动土作业，必须分步施工，确保消防车顺利通行；如影响消防车辆通行，必须向上级主管部门与消防主管部门报告。

(11) 动土作业必须办理许可证，涉及用火、临时用电、进入受限空间等作业时，必须办理相应的作业许可证。

第三节 安全管理基本要求

一、管理职责

(1) 许可证审批人和监护人应持证上岗，资格证书由安全监督管理部门负责组织业务培训、颁发。

(2) 按照“谁的业务谁申请”的原则，由基层单位专业技术人员提出许可申请，填写《动土作业许可证》。

(3) 业务主管部门负责人牵头组织地下设施，主管单位联合进行安全技术交底；对作业程序和安全措施落实情况进行现场确认合格后，审批签发作业许可证。

(4) 施工单位在作业现场应成立作业班组，并明确现场负责人；基层单位现场负责人和施工单位现场负责人对进入受限空间作业的实施现场监督，并指派监护人，作业现场实行甲乙双方“双监护”，监护人由负责工艺、设备、技术、质量、安全等工作的技术人员担任。

(5) 基层单位现场负责人职责：

① 牵头组织作业安全分析(JSA)，审核《动土作业方案》，并监督各项安全措施的落实。

② 牵头组织作业前的现场安全教育。

③ 负责现场施工的监督、协调，牵头组织完工验收。

(6) 基层单位现场负责人职责：

① 负责作业安全分析(JSA)，编制《动土作业方案》，落实各项安全措施。

② 负责对施工作业人员、监护人进行现场安全教育。

③ 负责现场施工的管理、协调和完工验收。

(7) 监护人职责：

① 应熟悉作业区域的环境和工艺情况，有判断和处理异常情况的能力，掌握急救知识。

② 作业前，对安全措施落实情况进行检查，发现安全措施不落实或安全措施不完善时，有权阻止作业。

③ 发现异常情况时，应及时制止作业，组织人员有序撤离。

④ 监护人员应佩戴明显身份标识，对施工作业准备、作业条件、施工过程和完工验收实行全过程监护，作业期间不得离开作业现场或做与监护无关的事情。

（8）作业人员职责：

① 作业前应充分了解作业的内容、作业环境及要求，熟知作业中的危害因素和安全控制措施。

② 作业人员在安全措施不落实、作业监护人不在场等情况下有权拒绝作业，并向上级报告。

③ 服从监护人的指挥，规范操作，如发现监护人不履行职责时，应立即停止作业。

④ 在作业中如发现情况异常，应立即向监护人发出信号，迅速撤离现场。

二、工作程序

（1）基层单位专业技术人员根据施工作业内容提出动土作业许可申请。

（2）业务主管部门负责人牵头组织地下设施，主管单位联合进行安全技术交底。

（3）作业前，由项目所在基层单位现场负责人牵头组织施工单位管理人员、作业人员和双方监护人开展危害辨识和作业安全分析（JSA），制定施工方案和安全防控措施。

（4）作业前，业务主管部门负责人牵头组织基层单位和施工单位现场负责人、技术人员、监护人，对施工作业设备、设施进行现场检查，对安全措施的落实情况进行逐条确认合格后，签发作业许可证。

（5）进入施工现场作业前，基层单位及施工单位现场负责人对施工作业人员和监护人进行必要的安全教育，做好危害告知以及作业程序和安全措施的交底。

（6）施工过程中现场负责人应全面掌控现场施工情况，及时发现和组织消除事故隐患和险情，及时制止违章违纪行为。

（7）如在施工过程中出现下列情形，应及时报告业务主管单位，采取有效措施后方可继续进行作业：

① 需要占用规划批准范围以外场地。

② 可能损坏道路、管线、电力、邮电通信等公共设施。

③ 需要临时停水、停电、中断道路交通。

④ 需要进行爆破的。

⑤ 发现不明管道、电缆和其他隐蔽物的。

(8) 一个施工点、一个施工周期应办理一张作业许可证，不得擅自变更动土作业内容、扩大作业范围或转移作业地点。

(9) 作业完工后，应及时组织完工验收。

三、作业环境与设备设施

(1) 作业现场应设置警戒带，禁止无关人员进入；在道路上(含居民区)及危险区域内施工，施工现场应设置围栏、盖板和警示标识，夜间应设置警示灯。

(2) 使用的材料和挖出的泥土应堆放在距坑、槽、井、沟边沿至少0.8m处，堆土高度不得大于1.5m；挖出的泥土不应堵塞下水道和窨井。

(3) 挖掘机、装载机等机械设备进入联合站、接转站等火灾爆炸危险场所作业的应安装防火帽。

(4) 机械设备及工器具安全技术状态良好，机械设备传动部件应有良好的防护。

(5) 施工结束时应及时回填土石，恢复地面设施。

四、防护要求

(1) 现场作业人员应正确佩戴安全帽，穿戴好个体防护装备。

(2) 作业使用的个体防护装备、消防器材、通信设备、照明设备等应完好。

(3) 开挖深度大于1m时，应设置临边防护；深度大于2m的，必须设置防护栏和应急逃生通道。

(4) 对于构成受限空间的动土作业，应根据危害辨识、风险评价情况，在作业现场配备气体检测仪、呼吸防护用品以及安全带、安全绳等必要的防护器具。

五、操作要求

(1) 挖掘坑、槽、井、沟等作业，应遵守下列规定：

① 要由上至下逐层挖掘，严禁采用挖空底脚和挖洞的方法进行挖掘；

② 严禁在离电缆1m距离以内作业；

③ 上下交叉作业应戴安全帽，两人以上同时挖土时应相距2m以上，防

止工具伤人；

④ 不应在土壁上挖洞攀登；

⑤ 不应在坑、槽、井、沟上端边沿站立和行走；

⑥ 禁止在坑、槽、井、沟内休息；

⑦ 拆除固壁支撑应从下而上，更换支撑应先装新的，再拆旧的。

（2）使用机械挖掘时，配合的作业人员不应进入机械旋转半径范围内。

（3）发现不明电缆、管线以及不能辨认的物品时，不得敲击、移动，应立即停止作业，妥善加以保护，并上报。

（4）作业过程要实行全过程视频监控，对确实难以实施视频监控的作业场所，应在受限空间进出口处设置视频监控，视频监控信号必须传输至监控中心，实施实时监控，对违章行为做到实时纠正。

六、完工验收

（1）作业结束后，由基层单位现场负责人牵头组织施工单位现场负责人、监护人进行完工验收，并在《动土作业许可证》上签署意见。

（2）完工验收后，《动土作业许可证》由主管部门统一保存。

第四节　应急处置

（1）针对作业内容、范围、对象，在危害辨识、风险评价的基础上，制定有针对性的专项应急预案或应急处置程序；并准备充足的土袋草包、临时支护材料、堵漏材料和设备等相应的应急物资。

（2）发现险情时，应以人身安全为第一要务，立即停止作业，及早撤离现场；划出警戒区，并安排警戒人员值守。

（3）动土作业导致地下管道破裂、介质泄漏的，立即向管道所属单位（或项目所在单位）报告；采取措施，避免污染扩大，并防止流体冲刷及有毒有害介质泄漏引发的坍塌、中毒、火灾爆炸事故发生。

（4）出现基坑、周边建（构）筑物、管线失稳征兆时，应采取坑内回填反压后增加临时支撑、锚杆等进行加固。

（5）动土作业导致电缆损伤的，立即向电缆所属单位（或项目所在单位）报告；有人触电，首先要尽快使触电者脱离电源，对心肺骤停者，应迅速进行心肺复苏，并及时就医。

第五节　典型案例

一、南京某丙烯地下管道爆燃事故

1. 事故经过

2010 年 7 月 28 日 10 时 11 分左右，某工程公司在平整拆迁土地动土施工过程中，挖掘机挖穿了南京某塑胶化工公司输送原料丙烯的地下管道，造成大量液态丙烯泄漏，丙烯泄漏后遇到附近餐馆明火引起大面积爆燃。事故造成 13 人死亡、120 人住院治疗(重伤 14 人)，还造成周边近两平方公里范围内的 3000 多户居民住房及部分商店玻璃、门窗不同程度破碎，建筑物外立面受损，少数钢架大棚坍塌。

2. 原因分析

(1) 直接原因

施工队盲目施工，挖穿了地下丙烯管道，导致液态丙烯大量泄漏，丙烯气体迅速扩散与空气形成爆炸性混合物，遇明火引发大面积爆燃。

(2) 间接原因

一是，施工单位安全管理缺失。施工队在没有进行技术交底，未调查掌握地下隐蔽物的情况下，擅自盲目施工。

二是，管道所属单位管理不善。在发现管道上方有施工机械进行动土作业，可能危及管道安全，未能有效制止，且对地下丙烯输送管道的位置和走向指认不清。

二、某建设公司动土作业机械伤害事故

1. 事故经过

2015 年 3 月 25 日下午 12 时 50 分左右，某建设公司承建的绍兴高新技术创业服务中心工程在围护桩压顶梁施工的挖沟过程中发生一起机械伤害事故，造成 1 人死亡。

2015 年 3 月 25 日上午 7 时多，承建单位租用的挖掘机及司机余某和配合施工的公司车某(死者)到达工地现场，于上午 8 时左右开始自东向西围护桩压顶梁施工的挖沟工作。10 时左右，业主方在巡查过程中发现该挖掘机未经申报擅自施工，遂发出书面监理通知书，要求及时整改，落实人员抓紧申报。在业主和施工单位的监督下，余某和车某停止了作业，业主方离开现场后，两人又开始擅自挖掘作业。午饭后，在项目部管理人员未上班的情况下，两

人又提前进行挖掘工作。12 时 50 分左右，司机余某发现挖掘机将沟内作业的车某的安全帽勾出，感觉出事了，立即下车去沟内观察，发现车某被挖掘机挖斗所碰已受伤倒地，工地附近凿桩人员赵某见状后立即报 120，急救人员到达后确认车某已死亡。

2. 原因分析

（1）直接原因

挖掘机司机余某在视觉存在盲区，无现场人员指挥的情况下盲目进行挖掘作业；车某安全意识淡薄，在未确认安全距离的情况下，冒险进入挖掘机回转半径内施工，最终导致事故发生。

（2）间接原因

一是，施工管理不善。该建设公司施工项目部未与挖掘机产权单位签订安全协议，未进行书面安全交底，未对挖掘机从业人员进行安全生产知识教育，未向监理单位申报挖掘机使用计划与方案，对挖掘机擅自开工且违规作业未予以及时制止。

二是，监理不到位。业主单位对挖掘机无任何手续而进场施工的情况虽已发现，并开出了书面监理通知书，但之后挖掘机在现场继续作业，监理人员未予以尽职制止。

三、某联合站 6kV 高压电缆挖断停产事故

1. 事故经过

2013 年 3 月 27 日上午 9 时多，某安装公司在某联合站围墙外使用挖掘机进行挖管线沟作业，9 时 30 分，该联合站孙站长发现后，要求施工单位现场负责人刘某出示“作业许可证”，因刘某不能提供，孙站长要求其停止作业，并告知作业区域有高压电缆和管线，必须办理作业许可手续，孙站长在施工队停止作业后离开现场。在孙站长离开后不久，施工单位现场负责人刘某又指挥挖掘机司机陈某某继续挖土作业，10 时 10 分，挖掘机将进站 6kV 高压电缆挖断，电缆爆燃，导致联合站全站停运近 1h，直接经济损失 20 余万元，事故未造成人员伤亡。

2. 原因分析

（1）直接原因

施工单位现场负责人刘某违章指挥，挖掘机司机陈某某盲目作业，挖断 6kV 高压电缆，导致联合站全站停产。

（2）间接原因

一是，施工管理不善。施工单位安全管理制度不健全，在没有进行技术

交底，未调查掌握地下隐蔽物现状，未经作业许可，未制定作业方案，未对从业人员进行风险告知和安全教育的情况下，擅自在生产区域进行动土作业。

二是，监管不到位。建设项目主管部门教育、监管不到位，施工单位作业人员安全意识淡薄，在生产区域内违规进行动土作业，主管部门又未及时发现；电缆所属单位虽已发现并制止，但之后挖掘机在现场继续作业，电缆所属单位未予以尽职制止。

第六章

起重作业安全管理

起重作业在油气田建设和生产中必不可少，数量多、分布广、作业频繁，涉及的从业人员多，而且作业环境条件复杂，尤其在吊装大型设备、槽罐、管道等设备和构件时，稍有疏忽极易发生人身伤害，属于危险性较高的作业。本章重点对起重机具安全运行条件与使用要求、起重作业许可及管控程序、操作规程、事故预防措施、应急处置方法等内容进行阐述，为起重作业安全施工提供指导。

第一节　定义及适用范围

1. 起重作业

是指利用起重机械将设备、工件、器具材料等吊起，使其发生位置变化的作业过程。

起重作业按起吊工件质量和长度划分为三个等级：一级为质量 100t 及以上或长度 60m 及以上；二级为质量 40t（含 40t）至 100t；三级为质量 40t 以下。

2. 起重机械

是指汽车起重机（图 6-1）、门式起重机（图 6-2）、塔式起重机（图 6-3）、桥式起重机（图 6-4）、装卸桥、缆索起重机、轮胎起重机、履带起重机、铁路起重机、门座起重机、桅杆起重机、液压提升装置、升降机、电葫芦（图 6-5）及简易起重设备和辅助用具（如吊篮）等，不包括浮式起重机、矿山井下提升设备、载人起重设备和石油钻井提升设备。

图 6-1　汽车起重机

图 6-2　门式起重机

图 6-3　塔式起重机

图 6-4　桥式起重机

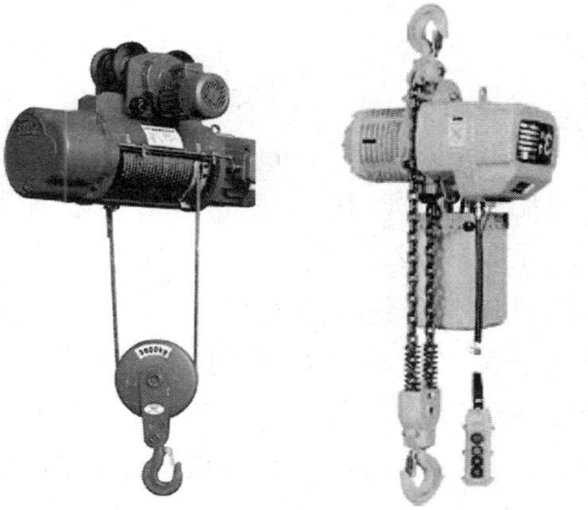

图 6-5　电动葫芦

第二节　危险有害因素及控制措施

一、事故类型及危险有害因素

起重作业过程中，起重机械特殊的结构形式和物品吊装过程存在着诸多危险因素，各种危险有显现的、潜在的，不同形态危险因素交织在一起，就可能会导致事故发生，起重事故主要类型有以下几种：

1. 起重伤害

起重伤害是指在起重作业中，由于吊物脱钩、钢丝绳断裂、移动吊物以及起重机械倾翻等导致人员受到伤害的事故，是起重作业中最常见的事故类型。常见原因有以下几点：

（1）人员违章。主要表现为：起重操作过程中，信号不明或指挥人员信号不准确，起重作业未设置警戒区，人员在起重臂和吊起的重物下面停留或行走；起重机停止作业时，起吊物件悬空停留；起吊过程人员手扶吊物等。这些人的不安全行为往往是导致起重伤害的主要原因。

（2）起重机丧失稳定性。起重机失稳可能有两种情况：一是由于操作不当（例如超载、臂架变幅或旋转过快等）、支腿不稳或地基沉陷等原因，导致起重机由于力矩不平衡而倾翻；二是由于坡度或风载荷作用，使起重机沿倾斜路面或轨道滑动，发生不应有的位移、脱轨或翻倒。

（3）吊物脱落。常见原因有吊具或吊装容器损坏、物件捆绑不牢而松散或滑落、挂钩不当发生脱钩、电磁吸盘突然失电导致吸吊的物料坠落等。起升机构的零件发生故障或损坏(特别是制动器失灵、钢丝绳或吊钩断裂等)都可能引发重物坠落的危险。另外，重物坠落还可能由于吊装的危险物料引发二次伤害。例如，高温液体，有毒、有腐蚀等危险品，它们都可能因物料的物理、化学特性导致烫伤、粉尘伤害、有毒物伤害等。

(4) 起重机械金属结构破坏。庞大的金属结构是各类桥架起重机、塔式起重机和门座起重机的重要构成部分，作为整台起重机的骨架，不仅承载起重机的自重和吊重，而且构架了起重作业的立体空间。由于起重机的金属结构组成不同，金属结构破坏形式往往也不同，例如，桥式起重机和门式起重机的主梁下挠度超标或支腿垮塌，塔式起重机和门座起重机的坠臂、倒塔等。金属结构的破坏常常会导致严重伤害，甚至群死群伤的恶果。

(5) 夹挤和碾轧伤害。有些桥式起重机轨道两侧缺乏良好的安全通道，塔式起重机或汽车起重机的起重臂架作业回转半径与邻近的建筑结构之间的距离过小，使起重机在运行或回转作业期间，对尚滞留在其间的其他人员造成夹挤伤害。由于起重机整机的移动性，运行机构的操作失误或制动器失灵引起溜车，可能对人员造成碰撞或碾轧伤害。

2. 高处坠落

起重机的机体高大，一般桥式起重机的主梁高度都在10m以上，塔式起重机和门座起重机甚至高达几十米。为了获得作业现场清楚的观察视野，司机室往往设在金属结构的高处，很多设备也安装在高处，塔式起重机转移场地时的拆装作业、起重机高处设备的维护和检修，以及安全检查测量，这些需要人员登高的场所和作业环节，都存在着人员从高处跌落伤害的危险。物件吊起时，人员随同吊物或吊装机械升降(违章)或在吊笼中进行作业，也是导致高处坠落的重要原因。

3. 触电伤害

大多数起重机都是电力驱动，或通过电缆，或采用固定裸线将电力输入，起重机的任何组成部分或吊物，与带电体距离过近或触碰带电物体时，都可以引发触电伤害。即使是流动式起重机，在输电线附近作业时，触碰高压线的事故也时有发生，直接触电或由于跨步电压会造成电伤、电击事故。

4. 其他伤害

在起重作业中，人体某部位与运动零部件接触引起的绞、碾、戳等伤害，液压元件或管路破坏造成高压液体的喷射伤害，运转零件破坏飞出物的打击伤害，抽拉吊索引起的弹射伤害等等，这些在一般机械上发生的伤害形式，在起重机作业中都有可能发生。

汽车式吊车在起重施工现场，车辆移动过程中可能导致人员受到车辆伤害。

二、控制措施

1. 管理措施

(1) 起重指挥人员、司索人员和起重机械操作人员，应持有当地政府相关部门颁发的《特种作业人员操作证》，方可从事指挥和操作。

(2) 进行起重作业前，起重机司机必须检查各部装置是否正常，钢缆是否符合安全规定，制定器、液压装置和安全装置是否齐全、可靠、灵敏，严禁起重机各工作部件带病运行。

(3) 进行起重作业前，应针对作业内容进行 JSA 分析，确定相应的作业程序和安全措施。

(4) 建立健全维护保养、定期检验、交接班制度和安全操作规程。

(5) 起重施工区域设置警戒带，起重机的悬臂能够伸到的区域不得站人；上下吊车要走专用梯子。

(6) 吊运物品时，吊装区域要拉设好安全警示线，吊物上不准站人，不能对吊挂着的物品进行加工、检修。

(7) 起吊的物品不能在空中长时间停留，特殊情况下应采取安全保护措施。

(8) 在露天有六级以上大风或大雨、大雪、大雾等天气时，不得进行起重吊装作业。

(9) 起重现场设专人监护，起重过程全程进行视频监控。

2. 技术措施

(1) 起吊前应先检查吊物捆缚是否牢固，绳索经过有棱角、快口处应设衬垫，吊位重心要准确，不许吊物在受力后产生扭、曲、沉、斜等现象。

(2) 在起吊较重物件时，应先进行试吊，将重物吊离地面 10cm 左右，检查起重机的稳定性和制动器等是否灵活和有效，在确认正常的情况下方可继续工作。

(3) 起重吊臂的左右旋转角度都不能超过 45°，严禁斜吊、拉吊和快速升降；严禁吊拔埋入地面的物件，严禁强行吊拉吸贴于地面的面积较大的物体。

(4) 起重机在带电线路附近工作时，应与其保持安全距离，用两台起重机同时起吊一重物，必须服从专人的统一指挥，两机的升降速度要保持相等，其对象的重量不得超过两机所允许的总起重量的 75%，绑扎吊索时，要注意负荷的分配，每车分担负荷不能超过所允许最大起重量的 80%。

(5) 起重机在工作时，吊钩与滑轮之间应保持一定的距离，防止卷扬过限把钢缆拉断或吊臂后翻。在吊臂全伸变幅至最大仰角并吊钩降至最低位置时，卷扬滚筒上的钢缆应至少保留3匝以上。

(6) 工作时吊臂仰角不得小于30°，起重机在吊有载荷的情况下应尽量避免吊臂的变幅，绝对禁止在吊荷停稳妥前变换操作杆。

第三节　安全管理基本要求

一、管理职责

1. 起重指挥人员职责

参与起重作业方案制定、危险辨识和安全措施制定；组织起重作业人员进行安全技术交底，认真交代指挥信号；选择和确定吊点及吊装器具；检查、落实吊装工具的种类、规格、件数及完好程度，检查索具的完好程度；对作业环境进行确认，确定符合起重作业条件；做好现场指挥工作。

2. 起重操作人员职责

参加并接受安全技术交底；遵守执行安全操作规程，不违章操作，拒绝违章指挥。

3. 司索人员职责

对吊装索具及起重设备进行检查，发现不正常时必须在操作前排除；根据吊装物件正确选用吊装工具和吊装方法，选择绑扎点，绑扎牢固，尖锐边角处用软物垫好；工作时应事先清理吊装地点及运行通道上的障碍物，清理无关人员，选择安全位置；严格按照作业方案和作业规程进行作业。

4. 监护人职责

熟悉作业区域的环境、工艺情况、作业活动危险有害因素和安全控制措施，具备起重监护经验，具备判断和处理异常情况的能力，掌握急救知识；作业前核实安全措施落实情况，并随时进行监督检查，发现安全措施不完善时，有权提出停止作业；严禁擅自离岗，不得做与监护无关的工作；认真检查吊装作业使用的安全防护用品、器具并符合安全标准，监督作业人员正确使用；作业过程中及时制止吊装作业人员的违章行为；及时制止与作业无关的人员进入吊装区域，制止所有人员在吊物下通行或逗留。

5. 作业审批人员职责

了解起重作业风险和应急程序，具备审批起重作业的能力，取得直接作业环节审批证；到现场检查确认安全措施落实情况，按照规定权限审批《起重作业许可证》。

二、工作程序

（1）除机械制造厂、检维修车间、码头、油田野外施工设施搬家安装等固定起重作业和例行起重作业外，其他起重作业应办理作业许可证，由基层单位提出并填写《起重作业许可证》申请。

（2）作业前，基层单位牵头组织相关人员进行 JSA 分析，确定相应的作业程序和安全措施；对于起重重量大于 40t 的重物，或不足 40t，但形状复杂、刚度小、长径比大、精密贵重、作业条件特殊的物件必须编制《起重作业方案》。

（3）基层单位负责其管辖范围内二、三级起重作业许可审批。

（4）二级业务主管部门组织相关部门对一级起重作业方案、安全措施和应急处置方案进行风险评估和审查，二级单位领导审批一级作业方案。

（5）基层单位现场负责人组织相关人员进行安全确认，牵头组织现场进行危害告知和安全技术交底。起重作业前应对以下项目进行安全检查：

① 基层单位现场负责人应对从事指挥、司索和操作人员进行资格确认。

② 对起重机械和吊具保护装置进行安全检查确认，确保处于完好状态。

③ 对安全措施落实情况进行确认。

④ 对吊装区域内的安全状况进行检查（包括吊装区域的划定、标识、障碍）。

⑤ 核实天气情况。

（6）施工单位组织现场按标准安全施工，相关人员做好现场施工的监督和协调，监护人做好监督全程施工，当发现起重作业内容与许可证不相符合，或者相关安全措施不落实时，有权制止作业，作业过程中出现异常时，应及时采取措施，有权终止作业；不得随意离开现场，确需离开时，收回作业许可证，暂停作业。

三、环境、设备设施要求

1. 环境要求

（1）作业前应核实天气情况。遇 6 级及以上大风或大雪、大雨、大雾等恶劣天气，不得从事露天起重作业。

(2) 起重作业前对吊装区域内的安全状况进行检查(包括吊装区域的划定、标识、障碍)。

(3) 无法看清场地、吊物情况和指挥信号时，不得进行起重操作。

(4) 起重机械及其臂架、吊具、辅具、钢丝绳、缆风绳和吊物不得靠近高低压输电线路。确需在输电线路近旁作业时，必须按规定保持足够的安全距离(见表6-1)，否则，应停电进行起重作业。

表6-1　起重机械、吊索、吊具及设备与架空输电线路间的最小安全距离

项目	输入导线电压/kV						
	<1	<10	35	110	220	330	500
安全距离/m	2.0	3.0	4.0	5.0	6.0	7.0	8.5

2. 起重机械起重机构

起重机械应具有质监部门颁发的有效的“检测报告”或“安全检验合格证”。起重机械各机构的构成与布置，均应满足使用需要，保证安全可靠。所有起重设备、绳索、滑轮、卸扣、绳卡等机具必须具有合格证及使用说明书。

(1) 起升机构

起升机构应满足下列要求：

① 按照规定的使用方式应能够稳定地起升和下降额定载荷；

② 吊运熔融金属及其他危险物品的起升机构，每套独立驱动装置应装有两个支持制动器；在安全性要求特别高的起升机构中，应另外装设安全制动器；

③ 起升机构应采取必要的措施避免起升过程中钢丝绳缠绕；

④ 当吊钩处于工作位置最低点时，卷筒上缠绕的钢丝绳，除固定绳尾的圈数外，不应少于2圈；当吊钩处于工作位置最高点时，卷筒上还宜留有至少1整圈的绕绳余量。

(2) 运行机构

运行机构应满足下列要求：

① 按照规定的使用方式应能够使整机和小车平稳地启动和停止；

② 露天工作的轨道运行式起重机应设有可靠的防风装置。

(3) 回转机构

在工作状态下，按照规定的使用方式应能够平稳地启动和停止。

(4) 变幅机构

变幅机构应满足下列要求：

① 按照规定的使用方式，起升机构悬吊额定载荷时，动臂变幅机构应能够提升和下降臂架并能保持在静止状态(不允许带载变幅的变幅机构应保持臂架在静止状态)；

② 采用钢丝绳变幅的机构，变幅机构的卷筒必须有足够的容绳量，保证完成起重臂从最大幅度到最小幅度位置的作业。

3. 起重机械零部件

(1) 钢丝绳

① 钢丝绳安全系数应符合 GB/T 3811—2008 的规定；钢丝绳的保养、维护、安装、检验、报废应符合 GB/T 5972 的有关规定。

② 使用前检查钢丝绳的表面是否有毛刺、断丝、扭曲现象。

③ 载荷由多根钢丝绳支承时，宜设置能有效地保证各根钢丝绳受力均衡的装置。

④ 起升机构和非平衡变幅机构不应使用接长的钢丝绳。

⑤ 钢丝绳端部的固定和连接应符合如下要求：

a. 用绳夹连接时应满足(表 6-2)的要求，同时应保证连接强度不小于钢丝绳最小破断拉力的 85%。

表 6-2 钢丝绳夹连接要求

钢丝绳公称直径/mm	≤19	19~32	32~38	38~44	44~60
钢丝绳夹最少数量/组	3	4	5	6	7

注：钢丝绳夹夹座应在受力绳头一边；每两个钢丝绳夹的间距不应钢丝绳直径的 6 倍。

b. 用编结连接时，编结长度不应小于钢丝绳直径的 15 倍，并且不小于 300mm。连接强度不应小于钢丝绳最小破断拉力的 75%。

c. 用楔块、楔套连接时，楔套应用钢材制造，连接强度不应小于钢丝绳最小破断拉力的 75%。

d. 用锥形套浇铸法连接时，连接强度应达到钢丝绳的最小破断拉力。

e. 用铝合金套压缩法连接时，连接强度应达到钢丝绳最小破断拉力的 90%。

(2) 吊钩(图 6-6)

① 吊钩应是正式专业厂按吊钩技术条件和安全规范要求生产制造的，产品应具有生产厂的质量合格证书，否则不允许使用。

图 6-6 吊钩

② 新钩应做负荷试验，测量钩口开度不应超过原开度的 0.25%。

③ 使用过程中应经常检查吊钩有无裂纹或严重变形、腐蚀及磨损现象。

④ 吊钩应每年进行一次试验。试验时以 1.25 倍容许工作荷重进行 10min 的静力试验，用放大镜或其他方法检查，不应有裂纹、裂口及残余变形。对板式钩应检查衬套、销子磨损情况。

⑤ 吊钩上的缺陷不得补焊。

⑥ 吊钩防脱装置完好、有效。

吊钩出现下列情况之一时应予报废：

a. 裂纹；

b. 危险断面磨损达原尺寸的 10%；

c. 开口度比原尺寸增加 15%；

d. 钩身扭转变形超过 10°；

e. 吊钩危险断面或吊钩颈部产生塑性变形；

f. 吊钩螺纹被腐蚀；

g. 片钩衬套磨损达原尺寸的 50%时，应更换衬套；

h. 片钩心轴磨损达原尺寸的 5%时，应更换心轴。

(3) 卷筒(图 6-7)

① 钢丝绳在卷筒上应能按顺序整齐排列，只缠绕一层钢丝绳的卷筒，应作出绳槽。用于多层缠绕的卷筒，应采用适用的排绳装置或便于钢丝绳自动转层缠绕的凸缘导板结构等措施。

图 6-7　卷筒

② 多层缠绕的卷筒，应有防止钢丝绳从卷筒端部滑落的凸缘。当钢丝绳全部缠绕在卷筒后，凸缘应超出最外面一层钢丝绳，超出的高度不应小于钢丝绳直径的 1.5 倍(对塔式起重机是钢丝绳直径的 2 倍)。

③ 卷筒上钢丝绳尾端的固定装置，应安全可靠并有防松或自紧的性能。如果钢丝绳尾端用压板固定，固定强度不应低于钢丝绳最小破断拉力的 80%，且至少应有两个相互分开的压板夹紧，并用螺栓将压板可靠固定。

④卷筒出现下述情况之一时，应报废：

a. 影响性能的表面缺陷(如裂纹等)；

b. 筒壁磨损达原壁厚的 20%。

（4）滑轮(图 6-8)

① 滑轮应有防止钢丝绳脱出绳槽的装置或结构，在滑轮罩的侧板和圆弧顶板等处与滑轮本体的间隙不应超过钢丝绳公称直径的 0.5 倍。

② 人手可触及的滑轮组，应设置滑轮罩壳。对可能摔落到地面的滑轮组，其滑轮罩壳应有足够的强度和刚性。

③ 滑轮出现下述情况之一时，应报废：

a. 影响性能的表面缺陷(如裂纹等)；

b. 轮槽不均匀磨损达 3mm；

c. 轮槽壁厚磨损达原壁厚的 20%；

d. 因磨损使轮槽底部直径减少量达钢丝绳直径的 50%。

图 6-8　滑轮

（5）位置限制与调整装置

位置限制装置是用来限制机构在一定空间范围内运行的安全防护装置。这类安全防护装置有的是通过机构运行到极限位置时触发一个电气开关，切断机构的动力电源，使电动机停止运行，同时机构的制动装置动作，使机构停止在安全位置中。

① 上升极限位置限制器：凡是动力驱动的起重机，其起升机构(包括主副起升机构)均应装设上升极限位置限制器。

② 运行极限位置限制器：凡是动力驱动的起重机，其运行极限位置都应装设运行极限位置限制器。

③ 偏斜调整和显示装置：跨度等于或超过 40m 的装卸桥和门式起重机，应装偏斜调整和显示装置。

④ 缓冲器：桥式、门式起重机和装卸桥，以及门座起重机或升降机等都

要装设缓冲器。

四、防护要求

（1）所有作业人员应正确穿戴个人防护用品。

（2）参与起重吊装作业的特种作业人员，必须持有效的“特种作业人员操作证”；并经过入场安全教育，熟悉作业环境。

（3）对吊装区域内的安全状况进行检查（包括吊装区域的划定、标志、障碍、警戒区等），起重机作业区域应设置明显的警戒标志。

（4）对起重吊具进行安全检查确认，确保处于完好状态（如吊钩保险扣是否有效、钢丝绳是否有断丝断股现象、U形环是否有滑丝脱扣现象、限位器是否有效等）。

（5）作业人员应选择安全的位置作业，起重机吊臂下及起重机部件旋转范围内不得有人停留。

（6）起重机不得靠近架空输电线路作业，当必须在线路近旁作业时，应确保安全距离，采取安全保护措施后方可进行。

（7）对地基进行检查、处理，确保足够的地耐力，汽车吊支腿全部打开，并垫枕木或路基箱。

五、操作要求

（1）一级起重作业前，各单位业务主管部门应会同有关技术、安全部门对作业方案、作业安全措施和应急预案进行风险评估和审查。

（2）作业前应对基层单位现场负责人应对从事指挥、司索和操作人员进行资格确认。

（3）作业时必须明确指挥人员，指挥人员应佩戴明显的标志。

（4）起重指挥人员应遵守以下规定：

① 指挥信号要事先向起重机司机交代清楚，如遇操作过程中看不清指挥信号时，应设中转助手，准确传递信号。

② 必须按规定的指挥信号进行指挥，其他操作人员应清楚吊装方案和指挥信号。

③ 起重指挥人员应严格执行吊装方案，发现问题要及时与方案编制人协商解决。

④ 起重机司机不得离开工作岗位，不准在索具受力或起重物悬空的情况下中断工作。

（5）司索人员应遵守以下规定：

① 听从指挥人员的指挥，发现险情及时报告。

② 根据重物具体情况选择合适的吊具与吊索；不准用吊钩直接缠绕重物，不得将不同种类或不同规格的吊索、吊具混合使用；吊具承载不得超过额定起重量，吊索不得超过安全负荷；起升吊物时应检查连接点是否牢固、可靠。

③ 吊物捆绑应牢靠，吊点与吊物的重心应在同一垂直线。

④ 禁止人员随吊物起吊或在吊钩、吊物下停留；因特殊情况需进入悬吊物下方时，应事先与指挥人员和起重操作人员联系，并设置支撑装置。任何人不得停留在起重机运行轨道上。

⑤ 不得绑挂起吊不明重量、埋在地下或与其他物体连结在一起的重物。

⑥ 除具有特殊结构的吊物外，严禁单点捆绑起吊。

⑦ 人员与吊物应保持一定的安全距离。放置吊物就位时，应用牵引绳或撑竿、钩子辅助就位。

(6) 起重操作人员应遵守以下规定：

① 进行起重作业前，起重机司机必须检查各部装置是否正常，钢缆是否符合安全规定，制动器、液压装置和安全装置是否齐全、可靠、灵敏，严禁起重机各工作部件带病运行。

② 起重机司机必须与指挥人员密切配合，服从指挥人员的信号指挥。如发现指挥信号不清或错误时，司机有权拒绝执行。工作中，司机对任何人发出的紧急停车信号，必须立即服从，待消除不安全因素后，方能继续工作。

③ 正式起吊前应进行试吊，检查全部机具、地锚受力情况。发现问题，应先将工件放回地面，待故障排除后重新试吊，确认一切正常后，方可正式吊装。

④ 吊装过程中出现故障，起重操作人员应立即向指挥人员报告。没有指挥令，任何人不得擅自离开岗位。

⑤ 起吊重物就位前，不得解开吊装索具。

⑥ 司机在正常操作过程中，不得进行下列行为：利用极限位置限制器停车；利用打反车进行制动；起重作业过程中进行检查和维修；带载调整起升、变幅机构的制动器，或带载增大作业幅度；吊物不得从人头顶上通过，吊物和起重臂下不得站人。

⑦ 有下述情况时，司机不应操作：起重机结构或零部件(如吊钩、钢丝绳、制动器、安全防护装置等)有影响安全工作的缺陷和损伤；吊物超载或有超载可能，吊物质量不清、埋置或冻结在地下、被其他物体挤压，在操作中

不得歪拉斜吊；吊物捆绑不牢，或吊挂不稳，重物棱角与吊索之间未加衬垫；被吊物上有人或浮置物；作业场地昏暗，看不清场地、吊物情况或指挥信号。在操作中不得歪拉斜吊。

六、完工验收

起重作业完毕，作业人员应做好以下工作：

（1）将吊钩和起重臂放到规定的稳妥位置，所有控制手柄均应放到零位，对使用电气控制的起重机械，应将总电源开关断开。

（2）对在轨道上工作的起重机应有效锚定。

（3）将吊索、吊具收回放置于规定的地方，并对其进行检查、维护、保养。

（4）应告知接替工作人员设备、设施存在的异常情况及尚未消除的故障。

（5）对起重机械进行维护保养时，应切断主电源并挂上标志牌或加锁。

基层单位组织完工验收，做到工、器具回收到位，场地清，并在《起重作业许可证》上签署意见；许可证进行保存。

第四节　应急处置

起重施工过程中发生意外事故，要遵循“以人为本，安全第一，服从指挥，分工负责”的应急处置原则，立即采取相应措施：

（1）事故发生后，现场人员应根据事故发生的实际情况采取针对性措施。

（2）封锁施工现场，设立警戒线，防止无关人员进入，以免造成现场混乱。

（3）当发生起重机倾覆事故时，首先看起重机司机是否被困在操作室内，检查有无其他人员被砸伤或掩埋在其下面，相邻构筑物是否受到侵害。若有人员被困，确定被埋人员的位置，立即组织现场急救。当挖救被埋人员时，切勿用机械挖救，以防伤人，同时调用其他起重设备将倾覆起重机缓慢拉起，顶升稳固，再组织抢救被埋人员。

（4）当起重机械发生“溜钩”时，起重操作工应沉着冷静，不应使用急停开关，更不允许切断电源，应立即鸣铃警示周围人员撤离，应反复上下开动提升机构，选择安全区域，在吊物未完全坠落时，尽快观察周围场地及运行路线状况，尽可能地使用大小车将吊物放置在安全地带。

（5）当发生吊装构件滑落造成物体打击伤害事故时，首先观察伤员受伤部位，失血多少，对于一些微小伤，工地急救员可以临时进行简单的止血、消炎、包扎，然后送往医院处理。伤势严重者，急救人员边抢救边就近送医院。如人员被压在重物下方，立即采取搬开重物或使用起重工具吊起重物等措施，将受伤人员转移到安全地带，进行抢救。对较轻的受伤人员，视伤情及时进行止血、包扎、固定等措施，送往医院治疗。

(6) 当发现有人从高处坠落摔伤，首先应观察伤员的神志是否清醒，随后看伤员坠落时身体着地部位，再根据伤员伤害程度的不同组织救援。如受伤人员出现呼吸、心跳停止症状后，必须立即进行人工呼吸。

(7) 当起重吊装作业不慎挂断电线造成触电伤害事故时，首先判断是高压线路还是低压线路。若是低压线路，立即断开电源，如果电源开关较远，则可用绝缘材料把触电者与电源分离；若是高压线路触电，马上通知供电部门停电，如短时无法停电，则可抛掷导电体，让线路短路跳闸，再把触电者拖离电源。

(8) 现场险情排除后，把起重设备和其他设备、物资移至安全地带，对现场进行保护，便于对事故进行分析和处理。

第五节　典型案例

一、某建设公司穿管吊装作业起重伤害事故

1. 事故经过

2016 年 2 月 16 日 16 时，某公司项目部三名起重工，在烯烃包 960 管廊使用一台外租的 20t 吊车进行穿管吊装作业。吊装的钢管呈“U”形，总长 17.44m，重 1.823t，在水平张立管的开口端是两个高 600mm 的同径弯头。王某负责起重指挥，孙某和陈某负责拴吊带，起重工在“U”形管的双肢直线部分寻找重心并两次试吊，试吊后孙某在钢管的闭口直管段中心部位拴好了溜绳。在找到钢管的重心后，第三次拴吊带的位置是在张力管的重心略微偏向闭口端一方。拴好吊带后，王某命令起吊，此时，钢管闭口端一方略微向上倾斜但成整体平稳升起。在看到钢管平稳升起 2m 后，王某和陈某就转身去佩带安全带准备到管廊上进行吊装指挥作业。钢管升起后，孙某手拉溜绳控制该管的方向，在吊物上升至约 2m 时，副吊钩和吊装的“U”形张力管突然失控下滑坠落，“U”形张力管南面的直线管擦到王某的左肩，将其带倒；“U”形管闭口端擦到孙某的左腿膝盖骨后，继续滑落砸到了脚踝部，造成孙某骨折、截肢。

2. 原因分析

(1) 直接原因

该吊车的卷扬液压系统和副卷扬机机械故障，副吊钩失控是造成事故的直接原因。

(2) 间接原因

① 吊车司机对吊车的性能不了解，没有及时发现吊车存在的事故隐患，致使吊车“带病作业”。

② 项目部对外租的车辆管理不到位，吊车租入和使用时检验和检查不细，没有及时发现吊车存在隐患。

③ 起重工孙某、王某在钢管起吊后，没有按规定与吊物保持一定的安全距离，自我防护意识不强。

二、某公司管线吊装作业起重伤害事故

1. 事故经过

2009 年 9 月 27 日，某公司检修车间起重班 3 人在气体联合车间气化装置现场进行管线吊装作业。作业人员的意图是是把管线吊起后，依次放到三个管托上(图 6-9)，再在吊车的配合下把管线与冲洗水泵出口管焊接在一起。由于作业现场东侧上方有大量工艺管道，现场人员先用人力将管线东头抬到管托上，一名起重工独自站在脚手架上，用手扶管线。13 时 30 分，在管线被吊起后，由于起吊的速度较快，在直管段离地瞬间，管线西侧第 33 个弯头向南发生摆动，管线东头向北偏移，从管托中滑出，将管线东侧站在脚手架上手扶管线的王某刮倒，管线砸中其头部，经抢救无效死亡。

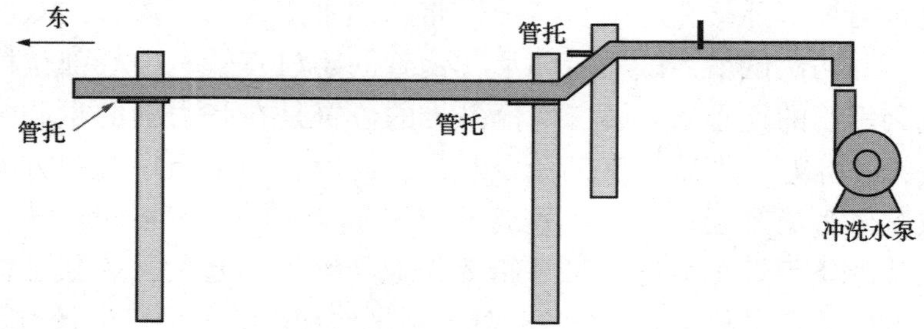

图 6-9　吊装管线示意

2. 原因分析

(1) 直接原因

① 吊装作业未严格执行起重作业安全管理规定，违章指挥、违章操作；

② 未对管托上的管线采取固定措施；吊点选择和捆绑不合理；

③ 作业人员未与吊装物保持足够的安全距离。

（2）间接原因

① 吊装前没有制定书面吊装方案，未进行 JSA 分析及安全技术交底。

② 直接作业环节监督管理不到位，没有对施工项目进行全过程监护及监控。

第七章

盲板抽堵作业安全管理

在油气田生产过程中，阀门是工艺流程中最重要的控制介质流向的设备，由于受到介质的冲刷、化学腐蚀、阀体结垢、阀门质量不过关等原因，阀板密封处的严密性会出现减弱，多出现渗漏、泄漏等“关不严”的情况。在设备检修、工业用火、进入受限空间等作业过程中，这种“关不严”的情况很可能会造成严重事故。因此，绝不能仅仅依靠关闭阀门来实现与在运行生产系统的切断，而是要通过加装盲板做到最有效、最彻底的隔离。油气田企业工艺流程虽不及炼化企业繁多复杂，但是，为确保设备检维修、工业用火、进入受限空间等作业安全顺利进行，盲板抽堵作业仍然是一项必不可少的直接作业环节。

第一节　定义及适用范围

一、定义

盲板抽堵作业是指在设备抢修、检修及设备开停工过程中，设备、管道内可能存有物料(气、液、固态)及一定温度、压力情况时的盲板抽堵，或设备、管道内物料经吹扫、置换、清洗后的盲板抽堵。

二、适用范围

盲板抽堵作业本身就是由于设备检修、工业用火、进入受限空间等其他作业需要采取加装盲板，从而彻底隔离工艺系统，在实现这一必要安全措施时产生的直接作业环节。因此，经常伴随出现在设备检修、工业用火、进入受限空间等其他作业前后。它的适用的范围主要有：

(1) 设备(装置)的抢修、检修作业前后。

(2) 设备(装置)的开停工作业前后。

(3) 工业用火、进入受限空间等作业的开工之前和作业结束。

(4) 设备、管道的吹扫、置换、清洗作业前后。

第二节　危险有害因素及控制措施

一、事故类型及危险有害因素

1. 中毒或灼烫事故

在盲板抽堵作业中，常见的中毒或灼烫事故原因主要有：

(1) 盲板密封不严。盲板未加垫片、法兰螺栓不全或未紧固，未确保密封面的严密性，有毒有害、强腐蚀性、高温介质溢出，造成中毒或灼烫事故。

(2) 使用了不合格盲板。盲板压力等级低，或采用非标准的盲板，用铁皮或胶皮板代替标准盲板。

(3) 盲板加装位置错误。未加装在来料阀门的后端法兰处，在拆卸法兰时，有毒有害、强腐蚀性、高温介质喷出，造成中毒或灼烫事故。

(4) 操作错误。介质为有毒有害、强腐蚀性、高温物料的情况下带压操作，或设备、管道内的物料未排放干净、未泄压就开始加装或拆除盲板。

(5) 个体防护不到位。未佩带便携式气体检测仪，未正确佩戴空气呼吸器等个体防护用品，造成人员中毒事故。

(6) 作业人员站位不正确。未在上风向作业，正对法兰缝隙，在有毒有害、强腐蚀性、高温介质意外溢出时，造成中毒或灼烫事故。

2. 火灾、爆炸事故

在盲板抽堵作业中，常见的爆炸事故原因主要有：

(1) 盲板密封不严密、使用了不合格的盲板，造成可燃物料意外进入受限空间或用火点，遇明火后发生火灾、爆炸事故。

(2) 盲板抽堵作业时，使用了非防爆工具拆卸螺栓、敲打法兰面或管件，产生火花引发火灾、爆炸事故。

(3) 检修、维修作业结束后，某处盲板遗漏未拆除，未经完工验收和彻底排查就盲目投产，导致系统某个部位不畅通，系统压力急剧升高，超出容器、管道的承受极限，造成物理爆炸事故。

3. 物体打击伤害事故

在盲板抽堵作业中，常见的物体打击伤害事故原因主要有：

(1) 拆卸盲板作业过程中，被封堵部位存在压力，拆卸盲板时能量集中释放，盲板飞出击中作业人员，造成物体打击伤害事故。

(2) 拆卸盲板作业过程时，管道没有加临时支架，在拆开法兰螺栓后，管道下垂砸中下方工作人员；或管道不对正而存在应力，在拆开法兰螺栓后，管道应力释放、管道弹开，击中旁边的作业人员，造成物体打击伤害事故。

(3) 当盲板较大而使用吊链吊起盲板时，吊链支架倾斜，盲板意外掉落或摇晃，击中作业人员，造成物体打击伤害事故。

4. 其他事故

(1) 在高处进行盲板抽堵作业时，因操作平台(脚手架)缺陷、未正确系挂安全带、临边或孔洞未防护等防护措施不到位原因，造成高处坠落事故。

(2) 在运转设备附近进行盲板抽堵作业时，因未停机、设备防护设施缺陷、安全距离不足等原因，作业人员意外被运转设备碰到、卷入，造成机械伤害事故。

(3) 在带电体、带电设备附近进行盲板抽堵作业时，因未停机断电、电缆绝缘层破损、安全距离不足等原因，造成触电伤害事故。

二、控制措施

1. 管理措施

(1) 加强管理人员、监护人、作业人员的安全教育，管理人员、监护人掌握盲板抽堵作业安全技术知识，具备现场监护能力；作业人员掌握盲板抽堵安全技术知识，熟悉工艺流程，具备盲板抽堵作业条件。

（2）盲板抽堵作业前开展 JSA 分析，制定完善的安全防护措施。做好安全技术交底工作，对各项安全措施逐项进行确认。

（3）作业期间，管理人员、监护人、安全监督人员安全巡查，及时制止违章、消除隐患。

（4）配备并使用合格的个体防护装备、防护救生设施。作业人员随身携带气体检测仪，随时监测作业环境气体浓度。

（5）作业期间要全过程视频监控。监控信号应传输至监控中心，实施实时监控，对违章行为做到实时纠正。

2. 技术措施

（1）一块盲板、一次作业办理一张许可证（装置停工大检修期间的盲板拆装除外）。同一管道一次只允许进行一点的盲板抽堵作业，严禁在同一管道上同时进行两处及两处以上抽堵盲板作业。

（2）针对作业复杂、危险性大、必须带压的盲板抽堵作业，基层单位应制定专项应急预案，采取有效措施，由基层单位负责人统一指挥，防止发生事故。

（3）装置停工大检修及装置开工的盲板抽堵，应组织专项风险识别，制定和落实专项安全措施。

（4）在盲板抽堵作业点流程的上下游应有阀门等有效隔断；盲板应加在有物料来源阀门的另一侧，盲板两侧都要安装合格垫片，所有螺栓必须紧固到位。

（5）使用标准合格的盲板，确保盲板质量合格以及平整光洁。

（6）每块盲板必须按盲板图编号并挂牌标识，并与盲板图编号一致。

（7）在有毒介质的管道、设备上进行盲板抽堵作业，作业点应为常压。作业人员在介质为有毒有害、强腐蚀性的情况下作业时，禁止带压操作。通风不良作业场所要采取强制通风等措施，防止可燃气体积聚。

（8）在易燃易爆场所进行盲板抽堵作业时，必须使用防爆灯具与有色金属制成的防爆工具，禁止使用黑色金属（铁、铬、锰及其合金）工具敲打管道、法兰；如有可燃气体挥发，应采取水雾喷淋等措施，消除静电，降低可燃气体危害。

（9）使用吊链吊起盲板时，应使用合格的吊链，支架底脚平整、支架牢固可靠。

第三节　安全管理基本要求

一、管理职责

1. 基层单位负责人职责

(1) 应了解管道、设备内介质特性及走向，熟悉工艺流程，掌握盲板抽堵作业安全技术知识，具备协调组织及突发情况应急处置能力。

(2) 负责组织作业许可申请、JSA 分析、确认安全措施落实情况。

(3) 负责现场施工的统一指挥、协调及安全管理。

(4) 作业完成后，应组织检查盲板抽堵情况和完工验收。

2. 监护人职责

(1) 了解盲板抽堵作业区域或岗位的生产过程，熟悉工艺操作和设备状况；具有较强的责任心，出现问题能正确处理，有处理应对突发情况的能力。

(2) 负责盲板抽堵作业现场的监护与检查，当发现盲板抽堵作业人违章作业时应立即制止；发现异常情况应立即通知作业人员停止作业，并及时联系有关人员采取措施。

(3) 应坚守岗位，做到全程监护，不得随意离开。在盲板抽堵作业期间，不得兼做其他工作。

(4) 参与 JSA 分析过程，作业前逐项确认安全措施。作业完毕后参与完工验收，确认无误后方可离开现场。

3. 基层单位技术负责人职责

(1) 向施工单位人员、监护人做好安全技术交底，清楚交代作业内容和安全注意事项。

(2) 负责根据 JSA 分析结果，绘制盲板位置图，按照抽堵顺序对盲板编号。组织实施对每块盲板设标牌标识，标牌编号应与盲板位置图上的盲板编号一致，确保无误。

(3) 负责在作业过程中提供技术指导，检查各项安全措施落实情况。出现异常情况时，及时向基层单位负责人提供处置方案。

4. 施工单位负责人职责

(1) 接受基层单位技术负责人组织的安全技术交底；参与 JSA 分析过程，清楚了解作业内容及现场情况。

(2) 作业前逐项确认安全措施，向作业人员清楚交代作业任务和安全注意事项。各项安全措施落实后，方可安排人员进行盲板抽堵作业。

（3）作业过程中，全程组织并监督作业人员现场安全文明施工。

（4）作业完毕后参与完工验收，确认无误后方可离开现场。

5. 作业人员职责

（1）作业人员应具备操作能力，应经过安全教育和安全培训，并经过基层单位验证合格。

（2）接受施工单位负责人的安全技术交底。作业前应了解作业的内容、地点、时间、要求，熟知作业中的危害因素和应采取的安全措施。

（3）开展作业前，要逐项确认相关安全措施的落实情况。若发现不具备安全条件时不得进行盲板抽堵作业。

（4）按标准安全文明施工，有权拒绝违章指挥及在突发情况下停止施工并撤离。

（5）作业完成后参与完工验收，确认无误后方可离开作业现场。

6. 业务主管部门职责

（1）认真审核《盲板抽堵作业方案》，并督促基层单位、施工单位安全措施逐项落实。

（2）审查作业证许可证的办理是否符合要求，确认符合要求方可签发许可证。

二、工作程序

1. 作业申请

（1）由基层单位负责人提出并办理《盲板抽堵作业许可证》申请。若涉及到工业用火、进入受限空间、高处作业等其他特殊作业，还应按照要求办理相应的作业许可证。

（2）作业许可证严禁涂改，作业内容、地点、范围等变更时，必须重新办理许可证。

2. JSA 分析及施工作业方案编制

（1）由基层单位负责人牵头组织施工单位负责人、基层单位技术负责人、监护人到现场进行 JSA 分析。

（2）根据 JSA 分析结果，由基层单位、施工单位共同编制《盲板抽堵作业方案》。《盲板抽堵作业方案》应包括作业内容、作业程序及安全技术要求、作业风险与对策措施、应急方案等内容。作业复杂、危险性大、必须带压的盲板抽堵作业，还应制定专项应急预案。

(3) 基层单位技术负责人根据 JSA 分析结果，绘制盲板位置图，按照抽堵顺序对盲板编号。盲板位置图附在《盲板抽堵作业方案》中。

(4)《盲板抽堵作业方案》由业务主管部门审核并签署意见。

3. 安全确认及许可证签发

(1) 基层单位负责人牵头组织施工单位负责人、基层单位技术负责人、监护人，现场逐一确认《盲板抽堵作业许可证》中的各项安全措施，并会同技术负责人在“盲板图”一栏中确认签字。

(2) 各项安全措施逐一确认后，施工单位负责人、监护人在许可证中“抽堵主要安全措施确认人”一栏中签字确认。特殊安全措施应填写在许可证“其他补充安全措施”一栏，若内容较多、填写不下的，应另行填写作为许可证附件。

(3) 许可证由业务主管部门签发后，方可进行作业。

4. 安全技术交底

(1) 基层单位技术负责人对施工单位人员、监护人，依据《盲板抽堵作业方案》进行现场安全技术交底。施工单位负责人组织对作业人员的作业前安全技术交底。

(2) 交底人要确保安全技术交底内容完整、表达清晰无疑义，不遗漏一人。每名接收人清楚明白交底内容后，在交底单上签字。

5. 施工作业

(1) 作业人员按标准文明施工，不得擅动生产设备设施，不得擅自进入其他区域和场所。有权拒绝违章指挥及在突发情况下停止施工并撤离。

(2) 监护人应佩戴明显标志，并携带便携式气体报警仪监督现场全程施工。当发现盲板抽堵作业内容与许可证不相符合，或者相关安全措施不落实时，有权制止作业。作业过程中出现异常时，应及时采取措施，有权终止作业。不得随意离开现场，确需离开时，收回作业许可证，暂停作业。

(3) 基层单位负责人做好现场的统一协调与管理。

(4)安全监督管理人员。对作业现场进行巡检督查，对违章行为进行查处，有现场处罚权和停工权。

(5) 加装盲板后，技术负责人组织实施对每块盲板设标牌标识，标牌编号应与盲板位置图上的盲板编号一致。

三、环境及设备设施要求

1. 作业环境

（1）作业施工区域应设置警戒线或围挡，无关人员及设备不应进入作业施工区域；作业现场应备用两套以上符合要求且性能完好的空气呼吸器等防护用品；根据需要配备灭火器、消防铁锹、灭火毯等。

（2）作业环境做到通风良好、光照充足。作业场地规范有序不杂乱，安全通道畅通无阻碍，影响作业安全的杂物应清理干净；夜间作业或照度不足的场所设置满足要求的防爆照明装置。

（3）距作业点30m范围内不得有用火、采样、放空、排放等其他作业。

（4）作业现场可能危及安全的坑、井、沟、孔洞等应采取有效防护措施，并设警示标志。

（5）作业平台、脚手架牢固可靠无缺陷。在运转设备、带电设备附近施工时，应将设备断电停机。

2. 设备设施要求

盲板抽堵作业中，常用的盲板有8字盲板(图7-1)、法兰盲板(图7-2)等，陆上油气田企业经常使用的是法兰盲板。

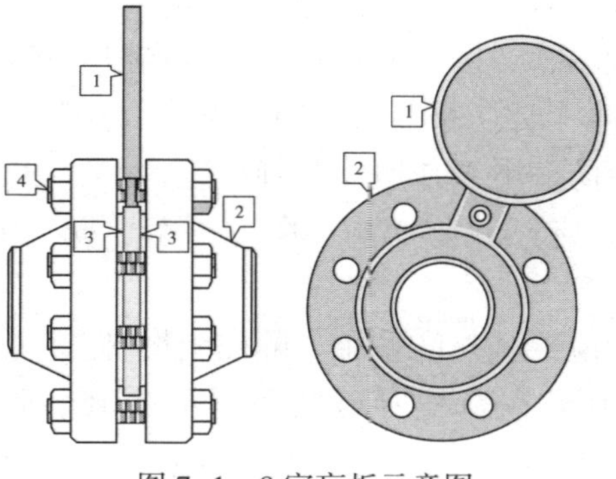

图7-1　8字盲板示意图

图7-2　法兰盲板

8字盲板因外形像8字而得名，是一块被分割成两块圆盘的具有固定厚度的钢板，两块圆盘通过腹板连接，其中一块是实心圆盘，另一块是空心圆环，其内径与法兰一致。连接腹板中有一个钻孔，松开并拆解部分螺栓，8字盲板可以在法兰间转动，更换垫片后，螺栓可以重新装配和紧固。

图7-3为8字盲板在开的位置，图7-4为8字盲板在关的位置。

图 7-3 8 字盲板在开的位置

图 7-4 8 字盲板在关的位置

盲板的要求主要有：

（1）盲板选材应平整、光滑，无裂纹和孔洞。

（2）应根据需隔离介质的温度、压力、法兰密封面等特性选择相应材质、厚度、口径和符合设计、制造要求的盲板、垫片及螺栓，严禁使用胶皮板或铁皮代替盲板。高压盲板使用前应经探伤合格。

（3）盲板应有一个或两个手柄，便于加拆、辨识及挂牌。

（4）需要长时间盲断的，在选用盲板、螺栓和垫片等材料时，应考虑物料介质、环境和其他潜在因素可能造成的腐蚀，以满足正常生产运行需要。

四、防护要求

进入作业现场的人员应正确佩戴安全帽，涉及高处作业、进入受限空间等其他特殊作业时，应按相关规定正确佩戴（携带）相应的个体防护装备（检测仪器）。以下为盲板抽堵作业时的基本个体防护装备（参照 GB/T 11651）：

（1）在易燃易爆场所作业时，应穿防静电工作服、防静电鞋。

（2）在介质温度较低场所作业时，应穿戴防寒帽、防寒手套、防寒鞋、防寒服。

（3）在介质温度较高场所作业时，应穿戴热防护服、隔热阻燃鞋。

（4）在介质为有毒有害的情况下作业时，应穿戴防化学品手套、防化学品鞋，且必须佩戴便携式气体检测仪、正压式空气呼吸器等个体防护装备。

（5）在介质为强腐蚀性（酸、碱液）的情况下作业防作业时，应穿戴耐酸碱手套、耐腐蚀液护目镜或面罩、防化学品鞋（耐酸碱鞋）、全身性的防腐蚀防护用品。作业场所应配备人员应急冲洗水源。

五、操作要求

（1）在加装盲板前，应做好旧螺栓拆卸前的准备工作。例如，旧螺栓加油(松动剂)、活动，便于拆卸，难卸螺栓采用“卸一条、换一条”的办法提前更换。避免中途遇到难卸的螺栓时，作业人员情绪急躁可能会导致违章作业的情况发生。

(2) 管道因设计、施工或工艺原因，法兰撑开困难无法加入盲板的，应使用合格的管道撑开器以撑开法兰。

(3) 作业人员应在上风向作业，不得正对法兰缝隙；在拆除螺栓时，应按对称、夹花方式拆除，拆除最后两条对称螺栓前应再次确认管道设备内无压力。如果需拆卸法兰的管道距支架较远，应加临时支架或吊架，防止拆开法兰螺栓后管线下垂。

(4) 对审批手续不全、交底不清、安全措施不落实、监护人不在现场、作业环境不符合安全要求的，作业人员有权拒绝作业。

(5) 作业过程与控制室保持必要的通讯联系。在危及作业人员生命健康时，应立即停止盲板作业，由生产单位人员引导撤离至安全区域。

六、完工验收

(1) 作业结束后，作业人员应收拾工具、清理现场，与监护人确认无遗留隐患后，方可离开作业现场。

(2) 由基层单位负责人牵头组织施工单位负责人、监护人、作业人进行完工验收，验收合格的，参加人在《盲板抽堵作业许可证》完工验收栏上签署意见。基层单位技术负责人组织生产工艺岗位人员进行盲板确认，在《盲板确认汇总表》中逐项签字确认。

(3) 相关资料按月归档。盲板确认汇总表、作业方案、盲板位置图、JSA分析记录表等应随许可证一起保存；涉及高处作业、进入受限空间等特殊作业的，相应许可证随《盲板抽堵作业许可证》一起保存。

第四节　应急处置

应急处置中，坚持“以人为本”的指导思想，首要做好现场人员的疏散工作，发生人员受伤事故，要及时展开受伤人员的救治工作，同时也要防止发生救援人员受伤的次生伤害事故；在生产工艺方面，要控制有毒有害气体的泄漏，加强现场控制和气体检测，防止发生中毒、火灾、爆炸等次生事故。

一、异常处置基本要求

（1）当作业过程中，生产装置、作业环境出现异常，可能危及作业人员安全时，作业人员要立即停止作业，迅速撤离，生产单位要组织排查异常原因，并迅速组织人员处置。

（2）现场施救人员必须听从指挥。施救时，如需进入有毒气体环境、设备容器或污染区域，应首先做好自身防护，正确穿戴适宜、有效的防护器具，再实施救护。

二、中毒事故处置

（1）发现泄漏中毒情况应迅速封闭现场，带好正压式呼吸器等抢救现场中毒人员，发出有毒有害气体报警信号，禁止非事件处理人员进入现场，控制事态发展。

（2）中毒人员救至安全地带后，立即送至医院；同时检测泄漏有毒有害气体的浓度，根据风向，及时疏散现场及周边人员到上风侧或安全地带。

（3）搬运中毒患者时，应使患者侧卧或仰卧，保持呼吸道通畅。抬离现场后必须放在空气新鲜、温度适宜的通风处。患者意识丧失时，应除去口中的异物。呼吸停止时，采取人工呼吸等措施。同时尽快查明毒物性质和中毒原因，便于医护人员正确制定救护方案，防止事故范围进一步扩大。

（4）通知相关人员立即采取管道、装置切断措施，同时对泄漏部位进行抢修。

（5）抢修完毕后，检测现场环境气体达标后，做好现场的清理，恢复生产。

三、火情处置

（1）盲板抽堵作业过程中，若发生较小火情，且周围无燃烧物或用火部位未与其他物料管道、设备相连，不会造成火灾蔓延的情况下，就地用灭火器材将其扑灭。

（2）若发生较大火情，有可能蔓延造成火灾的，应立即停止作业，组织现场人员扑救的同时，迅速通过火警电话向消防队报警，并向单位领导报告。

（3）扑救有毒有害物料引发的火灾时，应首先切断物料来源；扑救人员应站在上风向，佩戴或使用相关防护器具。

四、其他急救措施

（1）若有人员灼烫伤情况，应迅速将受伤人员脱离热源，用大量清水彻底冲洗，同时可采用中和方法治疗。

（2）对于昏迷的伤员，应取平卧位，垫高背部，头稍后仰，如有呕吐，须将其头朝向一侧，或采用脚高头低位，搬运时用普通担架即可。对于呼吸困难的伤员，应采取坐位，不能背驮。用软担架搬运时，注意不能使伤员躯干屈曲。

（3）如果是由于高空坠落、物体打击等造成颈椎、腰椎严重损伤的伤员，不可随意搬运或扭曲其脊柱，应多人用手臂共同将伤员平行搬运至水平木板上，注意必须托住颈、腰、臀和双下肢。

第五节　典型案例

一、某石化分公司油罐区爆炸火灾事故

1. 事故经过

某石化分公司油品作业部自 7 月 13 日开始，重柴油罐区 451#罐、452#罐、453#罐、454#罐先后进行消防隐患整改，具体内容为重新铺设界区外至罐的消防泡沫线，由原来 1 根泡沫线经环管后分配给 4 根消防竖管，改造为 4 根泡沫线分别连接 4 根消防竖管；消防竖管加金属软管、排渣阀等。452#罐、453#罐、454#罐已完成，7 月 15 日下午断开与 451#罐相连的所有消防管线，16 日开始对 451#罐新消防管线进行安装作业。7 月 16 日 15 时 11 分，进行 451#罐消防隐患整改过程中，发生爆炸火灾事故。消防中队迅速赶到现场灭火，火灾于 15 时 45 分被扑灭。火灾造成事故罐罐顶开裂、罐体变形、上半部塌陷。

2. 原因分析

（1）直接原因

451#罐北侧消防泡沫竖管上部法兰所加盲板不符合要求（管线倒地后致使盲板甩出）。通过对现场进行认真勘察发现，451#罐 4 根消防泡沫线的 4 块盲板中，北侧的消防泡沫竖管所加盲板法兰缺少 3 个螺栓（共计 8 个螺栓）、其他螺栓松动，并且没有采用新垫片。造成可燃气泄漏，遇用火作业明火后被引爆。

（2）间接原因

① 施工现场安全措施落实、检查确认不到位。消防泡沫管线加装盲板是此次施工作业最重要的安全措施，虽然制定了施工方案也进行了风险分析，但施工人员没有按照施工方案要求执行；安全监督及施工管理人员也没有按照要求进行认真确认，造成盲板加装不符合要求。

② 此次施工作业在安全管理方面存在严重漏洞，有关人员安全意识不强、管理不善、安全生产责任制未能做到层层落实。

此次事故虽然发生在石化企业，但是在油气田企业的集输站库，同样存在类似的储油罐消防管网隐患改造施工，也曾经发生过类似的爆燃事故，造成较为恶劣的社会影响和经济损失。油气田企业中，对盲板抽堵作业不了解、轻视盲板抽堵作业重要性的管理人员大有人在，使用不合格盲板、降低对盲板的要求、未严格落实盲板抽堵作业安全措施的现象也较为多见，为此造成的事故、未遂事件也有发生，必须引起我们的高度重视。因此，管理人员、监护人、作业人员必须严格遵守盲板抽堵作业规章制度，做好 JSA 分析、安全技术交底，制定安全措施并逐项加以落实，避免事故发生。

二、某采油厂承包商中毒事故

1. 事故经过

2015 年 9 月 14 日，某油气分公司建筑承包商，到采油厂联合站内进行分线计量间管线更换项目施工。9 时 5 分左右，施工队副队长张某、宋某驾车前往阀池，进行集油管线闸门加装盲板作业，17 时左右，张某、宋某倒在阀池内，两人经抢救无效死亡。

2. 原因分析

（1）直接原因

作业人员拆开管线法兰螺栓后，管线内残余存水及硫化氢泄漏至阀池密闭空间，导致 2 人中毒晕倒。中毒后长时间未脱离硫化氢气体环境，导致中毒死亡。

（2）间接原因

事故侧面反映出，业主方、承包商未严格执行盲板作业、受限空间作业许可证制度，作业前 JSA 分析不到位，对施工人员的安全技术交底开展不到位，施工人员不清楚加装盲板作业过程存在的危害因素，以及可能发生的事故，导致作业人员未采取任何安全措施的情况下盲目作业。同时，业主方、承包商施工现场监护缺位，未能及时制止违章操作。

这起事故是一起典型的受限空间作业、盲板抽堵作业双重组合作业的事故，事故发生前，两种直接作业环节相关规定均未得到严格执行。这起事故提醒我们，油气田企业对盲板抽堵作业的安全管理绝不能掉以轻心。硫化氢这种有毒有害气体在油气田企业中普遍存在，即使含量不高，但也可能会在管道、容器中某个死角长年累月积聚，形成浓度较高的硫化氢气团。在盲板抽堵作业中，尤其是在受限空间这种特殊环境中的盲板抽堵作业，一旦卸开法兰，积聚的硫化氢气体会快速集中释放到受限空间内。如果不严格落实盲板抽堵作业规章制度，就极有可能发生硫化氢中毒事故。因此，不能因为程序烦琐而简化手续和安全措施，不能因为事故发生概率低而忽视风险的存在，不能为图省事、抱有侥幸心理而盲目作业。遵章守纪才是保护自己和他人人身安全的最好手段。

参 考 文 献

1. 王来忠．油田生产安全技术．北京：中国石化出版社，2007.
2. 孟燕华．安全管理人员安全健康培训教程．北京：化学工业出版社，2010.